轨道交通及枢纽防火设计标准理解与应用

广州地铁设计研究院股份有限公司　组织编写
陈惠嫦　罗燕萍　主编

中国建筑工业出版社

图书在版编目（CIP）数据

轨道交通及枢纽防火设计标准理解与应用 / 广州地铁设计研究院股份有限公司组织编写；陈惠嫦，罗燕萍主编. -- 北京：中国建筑工业出版社，2024.10.
ISBN 978-7-112-30444-8

Ⅰ. U231.4-65；TU892-65

中国国家版本馆CIP数据核字第20243TU870号

本书是以《轨道交通及枢纽防火设计标准》DBJ/T 15-249-2023为基础，结合设计人员对标准的实际应用情况，从设计者的角度针对条款较多、措施较复杂的1~5章中的相关建筑专业重点条文进行归纳分析，并且给出了3个有代表性的重点工程实例，分析实际设计中如何运用本标准解决消防问题。本书可作为其他工程设计的参考，希望给标准的使用人员，尤其是建筑专业设计人员对标准条文的理解与应用提供帮助和参考。

责任编辑：曾　威
责任校对：张　颖

轨道交通及枢纽防火设计标准理解与应用
广州地铁设计研究院股份有限公司　组织编写
陈惠嫦　罗燕萍　主编

*

中国建筑工业出版社出版、发行（北京海淀三里河路9号）
各地新华书店、建筑书店经销
北京光大印艺文化发展有限公司制版
建工社（河北）印刷有限公司印刷

*

开本：787毫米×1092毫米　1/16　印张：8¾　字数：156千字
2024年12月第一版　　2024年12月第一次印刷
定价：**68.00**元
ISBN 978-7-112-30444-8
（43785）

版权所有　翻印必究
如有内容及印装质量问题，请与本社读者服务中心联系
电话：（010）58337283　　QQ：2885381756
（地址：北京海淀三里河路9号中国建筑工业出版社604室　邮政编码：100037）

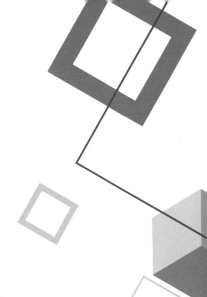

本书编审人员名单

主　　编：陈惠嫦　罗燕萍

副 主 编：张　羽　关耀东　蒋时波　彭　伟

主　　审：刘崇权　吴　疆　程继武

参编人员：黄洁涛　侯　帅　熊文杰　王晓娜　吴　彬　程　骁
　　　　　李雄春　马永超

组织编写：广州地铁设计研究院股份有限公司

参编单位：中铁大桥勘测设计院集团有限公司

前言 FOREWORD

到2025年，大湾区铁路网络运营及在建里程达到4700km，全面覆盖大湾区中心城市、节点城市和广州、深圳等重点都市圈，其中广州市城市轨道交通运营里程将达到797km，车站数量将达到407座；远期到2035年，大湾区铁路网络运营及在建里程达到5700km，覆盖100%县级以上城市，其中广州市轨道交通线网规模将达到2029km。

为了适应湾区轨道交通的快速发展，解决设计、审查中遇到的如国铁、城际、城轨等多种交通方式换乘枢纽及上盖物业开发等消防疑难问题，广州市住房和城乡建设局联手深圳市住房和城乡建设局编写了广东省标准《轨道交通及枢纽防火设计标准》DBJ/T 15-249-2023（以下简称《省火标》），标准已在2023年3月10日发布，2023年11月1日实施。《省火标》共设9章，包括：1. 总则；2. 术语；3. 基本规定；4. 建筑的防火分隔；5. 安全疏散；6. 消防给水与灭火系统；7. 防烟与排烟；8. 火灾自动报警与消防通信；9. 消防配电与应急照明。

《轨道交通及枢纽防火设计标准理解与应用》（以下简称本书）是以《省火标》标准为基础，结合设计人员对标准的实际应用情况，以及笔者以往在设计过程中积累的经验，从设计者的角度针对条款较多、措施较复杂的1~5章中的相关建筑专业重点条文进行归纳分析，希望给标准的使用人员对《省火标》条文的理解应用提供参考帮助，提高效率。

本书分为"条文理解"与"应用案例"两部分：条文理解从【差异性】【合理性】【实施性】三方面进行解析，【差异性】主要是与其他现行相关规范标准横向比较，《省火标》条文补充、明确、完善或调整了哪些内容；【合理性】是对【差异性】内容的解释，说明"补充、明确、完善或调整"的必要性、依据和思路等；【实施性】主要说明条文实施落地的可操作性，以及设计应用时需注意的问题等。应用案例选择了3个有代表性的重点工程，分析实际设计中如何运用《省火标》解决消防问题，可作为其他工程设计的参考。书中介绍的内容只是笔者个人理解，水平有限，错漏在所难免，敬请读者不吝赐教，以资不断修订、补充与完善。

目录 CONTENTS

第一部分　条文理解

1　背景　2
　　1.1　存在问题　2
　　1.2　解决对策　2
　　1.3　编写说明　5

2　重点条文解析　6
　　2.1　总则　6
　　2.2　基本规定　12
　　2.3　建筑的防火分隔　18
　　2.4　安全疏散　46

第二部分　应用案例

3　车站（东湖站）　66
　　3.1　工程介绍　66
　　　　3.1.1　工程概况　66
　　　　3.1.2　建筑消防设计　73
　　3.2　消防设计重难点及消防设计对策　75
　　　　3.2.1　与既有线的衔接　75
　　　　3.2.2　大空间　78

	3.2.3　长距离疏散	82
	3.2.4　其他	85

4　综合交通枢纽（白云站） 87
4.1　工程介绍 87
4.1.1　工程概况 87
4.1.2　枢纽方案 91
4.1.3　建筑消防设计 97
4.2　消防设计重难点及消防设计对策 105
4.2.1　大空间消防设计 105
4.2.2　消防疏散 109
4.2.3　长距离换乘通道疏散设计问题 114

5　段场综合体（赤沙车辆段） 115
5.1　工程介绍 115
5.1.1　工程概况 115
5.1.2　建筑消防设计 118
5.2　消防设计重难点及消防设计对策 121
5.2.1　盖下及地下消防车道设置方案 121
5.2.2　库区疏散 126
5.2.3　区域控制中心（位于15m盖上）双首层消防设计 128

第一部分

条文理解

1 背景

1.1 存在问题

交通是兴国之要、强国之基。2019年9月19日，中共中央、国务院印发《交通强国建设纲要》，明确从2021年到21世纪中叶，我国将推进交通强国建设，并提出建设城市群一体化交通网，推进干线铁路、城际铁路、市域（郊）铁路、城市轨道交通"四网融合"发展。

粤港澳大湾区建设是国家重大战略，中共中央、国务院先后印发了《粤港澳大湾区发展规划纲要》《国家综合立体交通网规划纲要》等重要文件，着力推进区域交通运输协调发展，实现注重规模向注重质量效益转变，实现单一交通方式向一体化融合转变，推动粤港澳大湾区实现高水平互联互通，促进多种轨道网络融合发展，打造"轨道上的大湾区"，为大湾区交通基础设施建设指明了方向，湾区轨道交通建设也驶入了"快车道"。

轨道交通的网络化发展，"互联互通""四网融合""高铁进城"等规划理念的落实，湾区轨道交通规划网将会形成大量的多线换乘车站和换乘枢纽。由于土地资源的稀缺，资源集约化、多元化利用需求的产生，促进了地铁＋物业、站城一体化化、一站式服务等新模式的发展，从而出现了功能整合、立体化、大规模的综合交通枢纽等新型轨道交通建筑。

随着大量新型轨道交通建筑的出现，无论是一般的地铁车站，或者是多线换乘车站、换乘枢纽、综合交通枢纽，设计中往往存在多功能多形式组合、大规模大空间、长距离疏散等消防问题，这些问题在现行轨道交通相关的防火设计规范中未被完全覆盖，也不完全符合"中华人民共和国住房和城乡建设部令第58号"的特殊消防设计条件，从而成为工程中无解的消防疑难问题。

1.2 解决对策

为了解决轨道交通及枢纽的消防疑难问题，更好地推进轨道交通工程依法依规开展消防设计、审查工作，根据《广东省住房和城乡建设厅关于发布

〈2020年广东省工程建设标准制（修）订计划〉的通知》（建科函〔2020〕397号）的要求，在国家规范、标准的基础上，以解决问题为导向，充分结合省内工程实际实施条件及实践经验，补充了国家标准未明确的内容，经广泛征求意见后，编制完成广东省地方标准《轨道交通及枢纽防火设计标准》DBJ/T 15—249—2023。

《轨道交通及枢纽防火设计标准》DBJ/T 15—249—2023采用"分析现状——归纳问题——解决对策"的编制思路，通过调查分析轨道交通及枢纽工程的防火设计现状，归纳存在的防火设计问题，以解决问题为导向，以轨道交通及枢纽工程的实际条件为基础，研究寻找切实可靠的消防安全对策并落实到具体条文当中。

在标准的编制过程中，规范编制组做了大量的资料收集及调查分析工作，包括各城市特殊消防设计专家评审论证会材料、消防专题研究成果、其他城市地方标准以及实际案例经验等资料。收集了广州、深圳、佛山、福州、厦门、长沙、南京、苏州、杭州、无锡、西安、成都全国12个城市，共45次特殊消防设计专家论证会材料，例如广州白云（棠溪）站综合交通枢纽一体化建设工程专家咨询会，佛山市轨道交通四号线一期工程项目"平胜车辆段特殊消防设计专题研究""大塱山停车场特殊消过程中防设计专题研究"专家审查会，长沙市轨道交通2号线西延二期工程长沙西站特殊消防设计专家评审会，苏州轨道交通2、6号线桑田岛停车场上盖开发项目消防设计专家论证会的评审意见等。

从收集的实际工程资料可分析归纳出轨道交通及枢纽消防设计现状以及消防设计面临的难点问题，主要可归纳为三大类问题：多功能多形式组合、大规模大空间、长距离疏散；而各城市特殊消防设计专家评审论证会材料、消防专题研究成果、其他城市地方标准以及实际案例经验等提供了在保证消防安全的前提下解决消防难题的安全对策，这些资料经提炼拓展后，形成了《轨道交通及枢纽防火设计标准》DBJ/T 15—249—2023的条文。

消防安全对策以安全目标为导向，满足消防性能为原则，可归纳为6大类，每一大类中又包含若干具体措施，与《轨道交通及枢纽防火设计标准》DBJ/T 15—249—2023的具体条文对应的关系如下：

1. 有效救援

1）消防车道

  3.1.4、4.4.10、5.4.2、5.4.3；

2）应急救援车道

　　3.1.5；

3）消防专用通道

　　5.3.1、5.3.2。

2. 内部控制

1）控制危险源

　　3.1.2、4.4.2、4.4.6、5.3.9；

2）降低火灾危险性

　　4.3.5、4.4.1、5.3.1、5.3.8；

3）控制疏散人数

　　4.3.5、5.3.8。

3. 空间分隔

1）防火间距

　　3.1.1、3.1.2、4.1.5、4.4.5；

2）防火分隔

　　1.0.5、3.1.1、4.1.1、4.1.2、4.1.4、4.2.1、4.2.4、4.3.4、4.3.5、4.3.6、4.3.7、4.3.8、4.4.1、4.4.2、4.4.7、4.4.8；

3）安全疏散区

　　2.1.10、5.1.1、5.4.1、5.4.3、附录A。

4. 资源共享

1）信息共享

　　1.0.3、1.0.5、8.1.9、8.2.2；

2）土建设施共享

　　1.0.5、4.4.3、5.3.1、5.3.2、5.3.6、5.4.5；

3）机电设施共享

　　6.3.5、7.0.5、9.1.4、9.1.5。

5. 加强措施

1）加强排烟

①自然排烟

　　5.1.1、5.4.1、5.4.2、5.4.3；

②机械排烟

　　4.4.9、5.4.2、5.4.3、7.0.1；

③加大储烟仓

4.3.2、5.2.1、5.4.2。

2）加强疏散

①分层独立疏散

4.3.4、5.3.6；

②就近疏散原则

4.3.2、4.3.6；

③连续疏散原则

5.3.1。

3）增设自动灭火系统

5.2.1。

6. 专家论证

按建设工程消防设计审查验收管理暂行规定（住房和城乡建设部令第58号）要求。

1.3　编写说明

为便于使用人员更好地领会《轨道交通及枢纽防火设计标准》（以下简称《省火标》）条文的本意，把握其实施要点，准确执行标准，作者针对条款较多、措施较复杂的建筑专业相关内容编写了《轨道交通及枢纽防火设计标准理解与应用》。本书内容分为"条文理解"与"应用案例"两部分。

条文理解从【差异性】【合理性】【实施性】三方面进行解析，【差异性】中主要与其他现行相关规范标准横向比较，《省火标》条文补充、明确、完善或调整了哪些内容；【合理性】是对【差异性】内容的解释，说明补充、明确、完善或调整现行相关规范的必要性、依据、思路等；【实施性】主要说明条文实施落地的可操作性，以及设计应用时需注意的问题等。

应用案例选择了3个有代表性重点工程，分析实际设计中如何运用《省火标》解决消防问题，其中东湖站为多线换乘地铁站代表，白云站为复杂的综合交通枢纽，赤沙车辆段为带上盖开发的场段综合体，可作为其他工程设计的参考。

2 重点条文解析

2.1 总则

> 1.0.5 公共交通枢纽中不同功能区域之间应采取防火分隔措施,但火灾信息应能互联互通。

差异性

参照《建筑设计防火规范》(2018年版)GB 50016—2014 第1.0.4条的要求,结合《地铁设计防火标准》GB 51298—2018 第4.1.5、4.1.6、4.1.7、9.1.4、9.1.5条,以及《地铁设计规范》GB 50157—2013 第28.1.6、19.3.9条的规定,《省火标》明确不同交通形式、不同使用功能的区域设置在同一建筑(一体化公共交通枢纽)时的防火分隔与信息互通设计要求。

1. 公共交通枢纽内不同功能区域之间必须采取防火分隔措施。
2. 建议不同形式区域之间设置防火分隔措施,分隔后各自执行对应的标准;当不设防火分隔时,应按统一定位执行对应的标准。
3. 火灾信息应能在不同功能区域之间互联互通。

合理性

1. 明确不同功能区域之间的防火分隔要求

《建筑设计防火规范》(2018年版)GB 50016—2014 第1.0.4条要求不同使用功能区域之间应采取防火分隔措施;《地铁设计防火标准》GB 51298—2018 第4.1.5、4.1.6条明确地铁车站功能与非地铁功能之间应采取防火分隔措施,第4.1.7条明确车辆基地与其他功能场所之间的防火隔断要求。由于不同功能区域的使用场景与火灾危险性存在较大的差别,故《省火标》明确公共交通枢纽中不同功能区域之间必须采取防火分隔措施,以保证火灾不会相互蔓延。

2. 明确同一功能内不同交通形式区域之间的防火分隔方案建议

轨道交通包括铁路（含城际铁路）、城市轨道交通（含市域铁路）两种形式，目前不同形式轨道交通各有相应的规范或标准要求，所以《省火标》建议不同形式区域之间设置防火分隔措施，分隔后各自执行对应的设计规范或标准；但由于两者同为交通功能区域，正常运营期间存在较大的乘客相互通行的空间需求，当受换乘方案影响不具备完全防火分隔条件时，可按统一的功能区域进行空间处理，内部不设防火分隔。

当采用统一功能区域进行空间处理时，可按单一的交通形式定位执行对应的标准，如地铁与城际同站台平行换乘车站，站厅为共用站厅，站厅可根据实际运营管理需求进行定位后执行对应的标准，如图 2.1-1 所示。

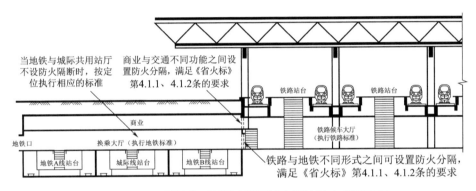

图 2.1-1　不同形式、不同功能区域之间的防火分隔示意

3. 明确各区域之间火灾信息互通要求

《地铁设计防火标准》GB 51298—2018 第 9.1.4 条与《地铁设计规范》GB 50157—2013 第 19.3.9 条，均要求不同换乘线路间火灾信息应能互联互通及消防联动；《地铁设计防火标准》GB 51298—2018 第 9.1.5 条要求车辆基地与上盖非地铁功能之间应能实现信息互通。火灾信息的互联互通能提升一体化公共交通枢纽内的联防联控水平，保障各线路的运营安全，故《省火标》本条文要求公共交通枢纽中不同功能、不同形式区域之间应实现火灾信息的互联互通，确保公共交通枢纽实行统一消防管理，这也是同一座公共交通枢纽内同一时间只考虑一处火灾的前提。

实施性

1. 区分建筑性质、建筑功能、建筑用途的不同层次定义

1）建筑按使用性质可分为三大类：工业建筑、农业建筑、民用建筑；

2）每种使用性质建筑包含了多种不同功能种类，如按照现行国家标准《民用建筑设计统一标准》GB 50352—2019 第 3.1.1 条所述，民用建筑按使用功能可分为居住建筑和公共建筑两大类。现行国家标准《民用建筑通用规范》GB 55031—2022 中第 2.1.4 条的条文说明又明确了公共建筑的分类，即公共建筑包含教育、办公科研、商业服务、公众活动、交通、医疗、社会民生服务等场所。

3）轨道交通车站属于民用公共建筑中的交通类建筑，公共交通枢纽视其集成的建筑功能情况，可以是民用建筑中多种轨道交通形式组合的交通类建筑，或者是民用建筑中的轨道交通功能与办公、商业服务等城市综合服务功能组合建造的综合功能建筑。

4）同一种功能建筑中可以包含不同用途的区域，如轨道交通车站包含公共区、设备区等不同用途空间，但均属于车站交通功能。

2. 把握不同功能区域之间设置防火分隔的要求

本条文的不同功能广义上是指同属民用建筑中的轨道交通（交通类）、城市综合服务（商业服务等类）两种不同功能，其中轨道交通中的不同形式、制式可认为都是交通功能，城市综合服务根据工程具体情况可以同时设置办公科研、商业服务、公众活动等，属于不同功能。不同功能区域之间应采取防火分隔措施。

当不同功能区域分设消防系统时，可按各自场所的用途、体积、高度、耐火等级、火灾危险性等因素确定安全疏散、防火分隔及室内消防设施的设计参数。对于规模较大的土建消防设施，如消防水池等，宜共用。

3. 理解地铁车辆基地上盖开发的作法

不同建筑性质的场所不应合建在同一座建筑内，如民用建筑内不允许设置生产场所，生产厂房和仓库不应与民用建筑组合建造，生产场所不允许与商店合建等。地铁车辆基地本质上属于工业建筑，原则上不应与其他性质的建筑合建，但由于车辆基地的用地规模非常巨大，在城市土地资源日趋紧缺的情况下，在车辆基地上部铺设大盖板、再在盖板上开发非地铁功能建筑的情况越来越多，这也成为消防标准需研究解决的问题。

根据多年的实践经验，国家标准《地铁设计防火标准》GB 51298—2018 虽然不鼓励在车辆基地盖板上再建造其他建筑，在第 4.1.7 条规定"车辆基地建筑的上部不宜设置其他使用功能的场所或建筑"，但也认可当确需在地铁车辆基地盖板上建造其他建筑，且满足一定的防火分隔条件和承重构件耐火极限时，车辆基地建筑的上部允许建设其他使用功能场所或建筑。《省火标》也延续了这个思路，在第4.4.7条采用了与《地铁设计防火标准》GB 51298—2018相同的规定，如车辆基地和其上部的建筑之间应采用耐火极限不低于3.0h的楼板分隔，车辆基地建筑的承重构件耐火极限不应低于3.0h等。同时，《建筑设计防火规范》（2018年版）GB 50016—2014附录中可得知楼板和屋顶承重构件耐火极限最大值为2.65h（现浇的整体式梁板，板厚120mm，保护层厚度20mm）。根据大量同类项目分隔楼板耐火极限试验及模拟研究报告可判断，当采用现浇整体式梁板时，楼板厚度不小于170mm，梁底及梁侧混凝土保护层厚度50mm，楼板底混凝土保护层厚度30mm，楼板的耐火极限不低于3.0h。另外，当上盖设置消防车道及灭火救援操作场地时，楼板的设计承受荷载应满足消防车通行及作业要求，根据《建筑设计防火规范》（2018年版）GB 50016—2014第7.1.9条的条文说明中表17，各种消防车的满载总重量，可供设计消防车道时参考。

术语

2.0.6 公共交通枢纽 public transport hub

主要指由多线或多形式轨道交通设施、城市综合服务功能设施集中布置的组合实体，其中多形式换乘枢纽和车辆基地为一般交通枢纽；由一般交通枢纽与城市综合服务功能设施组合的为综合交通枢纽。枢纽综合体可由一到多座一体化建筑或单体建筑组成，包括车辆基地、换乘枢纽和场站综合体。

差异性

参考《城市客运交通枢纽设计标准》GB/T 51402—2021第2.1.1条对"城市客运交通枢纽"的定义，《省火标》从功能和空间两个不同维度对"公共交通枢纽"进行了定义，见图2.1-2。

1）从功能维度上，公共交通枢纽可以是轨道交通功能不同形式组合的换乘枢纽，也可以是轨道交通功能与城市综合服务功能组合建造的综合交通枢纽。

2）从空间维度上，公共交通枢纽也可称为枢纽综合体，可由一到多座一体化建筑或单体建筑组成。

虽然本条术语本身没有技术指标规定，但涉及后续条文的应用范围规定，应予以充分理解和准确把握。

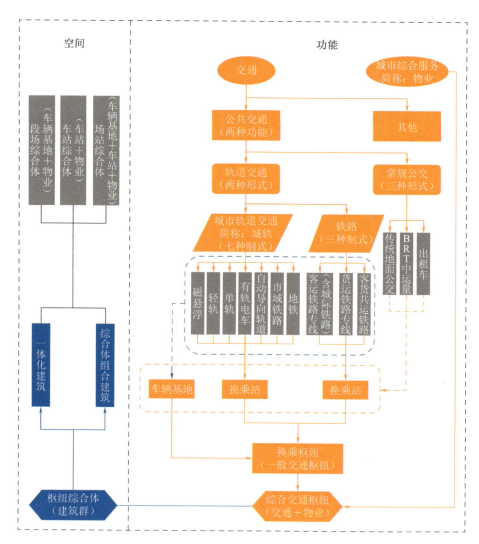

图 2.1-2 公共交通枢纽整体架构示意图

合理性

1)《城市客运交通枢纽设计标准》GB/T 51402—2021 第 2.1.1 条,城市客运交通枢纽定义为在城市客运交通系统中,为不同交通方式或同一交通方式不同方向、功能的线路提供的客流集散和转换的场所。其中不同的交通方式包含了轨道交通、道路交通、水道交通、航空交通、管道交通等,《省火标》只涉及其中的轨道交通方式。轨道交通方式属于城市客运交通系统的重要组成部分,包括了铁路(含城际铁路)、城市轨道交通(含市域铁路)两种形式,每种形式下又包括了多种不同的制式。公共交通枢纽由轨道交通、城市综合服务两种功能设施的不同组合而成，因此在功能维度上，公共交通枢纽可以是纯轨道交通功能不同形式组合的换乘枢纽，也可以是轨道交通功能与城市综合服务功能组合建造的综合交通枢纽。

2）枢纽综合体从建筑空间组合上可分为一体化建筑和综合体组合建筑。当各形式、各功能设施组合在一座建筑内时为一体化建筑；当枢纽由多座单体建筑组合而成，称之为综合体组合建筑，如车站＋物业的车站综合体，场段＋物业的段场综合体，场段＋车站＋物业的场站综合体等。其中车站综合体多为一体化建筑，如图 2.1-3；场段综合体多为组合建筑，如图 2.1-4。

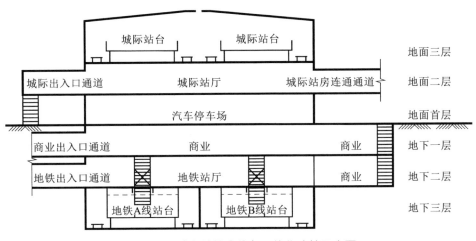

图 2.1-3 （车站综合体）一体化建筑示意图

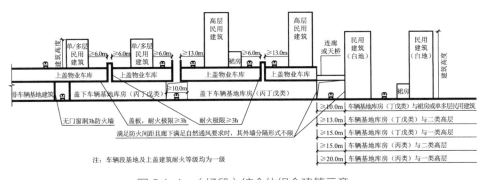

图 2.1-4 （场段）综合体组合建筑示意

实施性

1）《省火标》中的枢纽必须是不同形式或不同功能的组合，综合交通枢纽除了轨道交通功能外，必须包含城市综合服务的某些功能。

2）纯轨道交通功能不同形式组合的换乘枢纽和车辆基地为一般交通枢纽，但相同轨道交通形式线路换乘为换乘站，不纳入枢纽范畴。

3）一体化建筑不同功能区域之间应采取防火分隔措施，阻止火灾蔓延；综合体组合建筑之间应满足防火间距与消防救援的要求，符合现行国家标准《建筑设计防火规范》（2018年版）GB 50016的有关规定。

2.2 基本规定

> 3.1.4 车辆基地的停车库、列检库、运用库、联合检修库及物资总库周围应设置环形消防车道。当丁、戊类库房总宽度不大于75m时，可沿库房的一条长边设置不少于7m宽的消防车道，该消防车道至少应有两处与其他车道连通或设置尽端回车场，回车场的面积不应小于15m×15m。

差异性

本条在《地铁设计防火标准》GB 51298—2018第3.3.3、3.3.4条的基础上，进一步明确火灾危险类别较小且建筑规模较小的停车库、列检库、运用库、联合检修库及物资总库设置消防车道的具体要求。

1）停车库、列检库、停车列检库、运用库、联合检修库及物资总库周围应设置环形消防车道。

2）地面及地下车辆基地，当库房总宽度不大于75m时，可沿库房的一条长边设置地下消防车道，但尽头式消防车道应设置回车道或回车场，回车场的面积不应小于15m×15m。对于在咽喉区或车辆基地环形消防车道以外建筑规模较小的生产建筑，回车场可适当缩小，但不应小于12m×12m。

合理性

1）《地铁设计防火标准》GB 51298—2018第3.3.3条，明确了停车库、列检库、停车列检库、运用库、联合检修库、物资总库及易燃物品库周围应设置环形消防车道。其中，停车库、列检库、停车列检库、运用库、联合检修库占地面积较大，设置环形消防车道可保障灭火救援行动中取得更好的效果。

2）《地铁设计防火标准》GB 51298—2018第3.3.4条，明确了地下车辆基地，当停车库、列检库等大库房总宽度不大于75m时，可沿库房的一条长边设置地下消防车道。考虑地面库房的灭火救援条件相对地下环境更优，而且消防车道的设置应充分考虑建筑的进深、火灾危险性及人员疏散等因素，故有必要参照地下库房可沿库房的一条长边设置地下消防车道的要求，补充地面车辆基地停车库、列检库、运用库、联合检修库及物资总库沿库房的一条长边设置消防车道的要求。

实施性

1）消防车道是保障消防救援队伍到场对建筑火灾实施灭火救援的基本条件，是在火灾时供消防车通行的专用道路。具有一定规模的停车库、列检库、停车列检库、运用库、联合检修库、物资总库均应在建筑周围设置环形消防车道，同时考虑车辆基地为封闭管理，故一般情况下消防车道应在建筑基地范围内设置。

2）在《地铁设计防火标准》GB 51298—2018 对消防车道设置要求的基础上，补充明确丁、戊类停车库、列检库、运用库、联合检修库及物资总库沿库房的一条长边设置消防车道的要求。当上述库房仅沿库房的一条长边设置消防车道时，其宽度不应少于 7m，主要是考虑用于消防车会车及人员疏散的空间需求。建筑的长边可以按照建筑外形几何长度较长的边长确定，一般为平行于股道的边长。另外，对于一些设置在咽喉区或车辆基地环形消防车道以外建筑规模较小的生产建筑，如调机工程车库、洗车库、污水处理站，干式牵引变电所，可设置宽度不少于 4m 的消防车道，尽端式消防车道应设置回车道或 12m×12m 回车场。上述库房的消防车道设置要求，还需要根据《建筑设计防火规范》（2018 年版）GB 50016—2014 等技术标准的规定确定。

3.1.6 地上车站符合下列规定时，站台雨棚可不计入建筑高度：

1 站台层位于建筑顶层，满足本标准 5.1.1 条要求；

2 站台上的房屋面积小于站台面积的 5%；

3 站台雨棚采用不燃材料。

5.1.1 当地上车站的站台符合下列规定时，站台可作为 A 类疏散安全区：

1 站台层优先采用自然排烟。站台层四周应敞开，敞开面积应不小于四周总面积的 30%，敞开区域长度不小于站台层周长的 50%，且站台层任一点至最近自然排烟口的距离不应大于 30m；当站台区域存在离排烟口距离大于 30m 时，应考虑顶部开口，开口面积不应小于轨行区投影面积的 25%；当站台层无法满足自然排烟时，应采用机械排烟；

2 站台层至少设置 2 个直通站厅层或室外地面的安全出口，安全出口在站台层均匀布设；

3 设置符合规范要求的消火栓系统、应急照明和疏散指示等消防设施。

差异性

铁路车站站台一直被认为是安全区域，相当于室外空间，《省火标》第 5.1.1 条在此基础上进一步明确地上车站（含铁路、城际及城轨）站台可作为 A 类疏散安全区需满足的条件。同时当满足相关安全规定的站台位于建筑顶层时，参考《铁路工程设计防火规范》TB 10063—2016 第 6.1.8 条，《省火标》第 3.1.6 明确站台上面的雨棚可不计入建筑高度。

1）站台空间尽量开敞，需满足自然排烟的条件，当无法满足自然排烟时，应采用机械排烟。

2）站台上若有房屋，其总面积应小于站台面积的 5%。

3）站台的雨棚应采用不燃材料。

合理性

1）四周开敞比例参考了《汽车库、修车库、停车场设计防火规范》GB 50067—2014 第 2.0.9 条，并进行了适当提高。

2）站台公共区因乘客服务需要，可能会设置卫生间、空调间等少量房屋，参考《建筑设计防火规范》（2018 年版）GB 50016—2014 的附录 A，站台的房屋（如卫生间与空调间等）面积小于站台总面积的 5% 时，可不计入建筑高度。

3）参考《铁路工程设计防火规范》TB 10063—2016 第 6.1.8 条，站台层为乘客主要活动空间，当位于建筑顶层时即为乘客到达的建筑最高处，相当于建筑的上人屋面，消防登高救援的最不利高度部位应为站台完成面。采用不燃材料的站台雨棚功能仅为遮阳、挡雨，火灾危险性较低，雨棚的屋面除检修人员外，其他人员无法到达，故雨棚本身可不计入建筑高度，如图 2.2-1 所示。

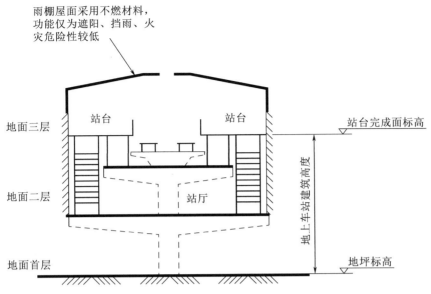

图 2.2-1 地上车站建筑高度示意图

实施性

1）地上车站首先考虑站台层可通过四周敞开、顶部开口等方式满足自然排烟，对于站台层确实无法满足自然排烟的局部空间，应设置机械排烟。

2）为提高轨行区的行车和排烟的安全系数，轨行区上方宜设置自然排烟口，顶部开口比例参考《建筑设计防火规范》（2018年版）GB 50016—2014 第5.3.6条的第7款，自然排烟口的有效面积不小于轨行区投影面积的25%。

3）当设置百叶时，百叶长度可计入开敞长度，百叶有效开敞面积可计入开敞面积。

3.2.2 车站改建不改变原有车站功能和使用性质时，可按原车站设计时所依据的防火标准进行设计。

3.2.3 既有站加入新换乘线路的改造时，应遵循下列原则：

1 改造后仍属于既有线路的区域，可按原车站设计时所依据的国家有关标准进行设计。

2 改造后属于新建线路的区域，应按现行有关标准进行设计。

3 改造后既有线路区域与新建线路区域连通成公共空间时，应按现行的防火规范进行设计。当既有线路区域与新建线路区域设置防火分隔时，可按原车站设计时所依据的防火规范进行设计；当使用防火卷帘分隔时，应符合 4.1.2 的要求。

4 局部设备迁改后归既有线路使用，设备系统按原车站设计时所依据的防火规范进行设计；设备迁改后为新建线路使用，设备系统应按现行的防火规范进行设计。

差异性

对既有车站进行更新改造；或既有车站加入新的换乘线路，需对既有车站的部分区域进行改造时，改造设计执行新旧标准的要求，现行规范没有明确，故《省火标》进行补充。

1）既有站的升级改造，在不改变原有车站功能和使用性质前提下，可按原车站设计时所依据的防火标准进行设计。

2）加入新线换乘的改造，改造后可大致按区域或设备的用途归属来判别新旧规范执行标准，属于既有线用途的按原车站设计时标准，属于新建线路的用途的按现行标准，共用区域按现行标准。

合理性

1）参考《广州市建设工程消防设计、审查难点问题解答》（穗勘设协字〔2019〕14 号），对既有车站进行更新改造时，满足"四不变"（不改变原有的建筑功能和使用性质，不改变原有的建筑防火分区，不改变建筑疏散系统，不改变建筑规模）时，只是对车站局部平面做出分隔调整的，可以视同室内装修，可按原车站设计时所依据的防火标准进行设计。

2）加入新线换乘的改造，如改造区域或设备为既有线用途，并满足《省火标》第 3.2.2 条要求时，也可以视同室内装修，按原车站设计时所依据的防火标准进行设计；当改造区域或设备属于新建线路用途，防火分区、消防系统归入新线范围，则应统一执行新线的设计标准。如图 2.2-2 所示。

实施性

1）既有车站改造情形比较复杂，结合地铁的建设情况，不改变原有车站功能和使用性质的改造可以包括以下内容的一项或多项：

（1）设备区房间使用用途调整。

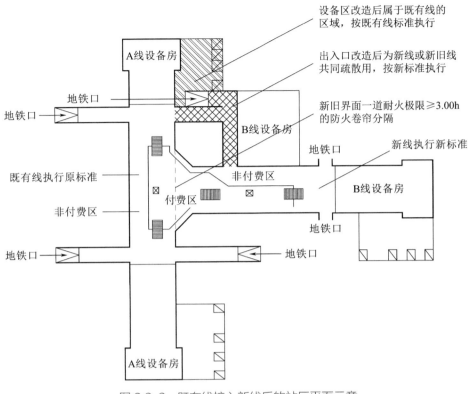

图 2.2-2 既有线接入新线后的站厅平面示意

（2）设备区与公共区局部区域互换，互换后防火分区的建筑面积调整范围在 5% 内（参考广州市地方标准《建设工程消防施工质量验收技术规程》DB 4401/T 212—2023），且调整后不超过原规范限制范围；

（3）站厅公共区内部付费区与非付费区的边界调整，或局部设施（如售票机、便民设施、小商铺等）移位；

（4）站厅公共区闸数量变化或移位；

（5）土建规模及防火分区的建筑面积调整范围在 5% 内，且调整后不超过原规范限制范围；

（6）在原建筑布局上重新装修、翻新。装修材料防火性能应执行新标准，提高装修材料的燃烧性能、增加主动防火措施；

（7）在既有站厅范围内的商铺改造，不应增加商铺规模，但可减少商铺规模，移动位置时需满足"不应设置在乘客疏散区域内"的要求。

2）既有车站加入新换乘线路，若新旧界面清晰明确，新旧区域之间应考虑设置防火分隔，尽量不改变既有车站的车站规模、防火分区等防火设计，避免既有线发生消防设计变更。对于依据《地铁设计规范》GB 50157—2013 设计的既有线车站加入新换乘线路时，站厅公共区有可能不满足 50m 疏散距离的要求，这时候如果在新旧区域的连通界面设置防火分隔，就可避免共用站厅疏散不满足现行规范要求的问题。

3）当公共区新旧界面使用防火卷帘（1道）分隔时，应符合《省火标》第 4.1.2 条的要求：耐火极限不应低于 3.00h，当每幅宽度不大于 10m 时，幅数可不限。

4）改造后属于既有线的区域，火灾自动报警系统可按既有线标准对既有线系统进行扩容改造；改造后属于新线的区域，则应按新线标准设置相应的系统设备；既有线给新线预留的区域，纳入新线后执行现行标准。

5）对于出入口的改造，当改造后只为既有车站疏散出口，可执行原标准；改造后为新线或新旧线共同疏散用，应执行新标准。

6）当新线防排烟设备放到既有线的机房时，需要分别设置独立的防排烟机房。

7）当设备区防排烟系统局部改造时，设备及管线的耐温要求执行原标准；当防排烟系统整体改造时，应执行新标准。

2.3 建筑的防火分隔

> 4.1.1 防火分隔是用于防止火灾蔓延至相邻区域而采用的设施，根据设置形式可分为Ⅰ类、Ⅱ类和Ⅲ类，其中Ⅰ类采用固定的实体防火分隔措施；Ⅱ类采用活动的防火分隔措施；Ⅲ类采用虚拟空间进行防火分隔。
>
> 4.1.2 应优先采用Ⅰ类防火分隔；当Ⅰ类防火分隔影响行车安全或客流组织时，在不降低消防安全的前提下可采用Ⅱ类防火分隔；当Ⅰ类、Ⅱ类防火分隔受条件影响均无法采用时，经专家论证后可采用Ⅲ类防火分隔。当车站公共区采用防火卷帘分隔时，耐火极限不应低于 3.00h，当每幅宽度不大于 10m 时，幅数可不限。

差异性

首次提出防火分隔措施的分类以及使用防火分隔措施的原则。

1）根据设置形式可分为Ⅰ类、Ⅱ类和Ⅲ类。

2）应优先采用Ⅰ类防火分隔，在不降低消防安全的前提下可采用Ⅱ类防火分隔，经专家论证后可采用Ⅲ类防火分隔。

3）根据《建筑设计防火规范》（2018年版）GB 50016—2014第6.5.3条，参考中庭做法，对防火卷帘的长度也不做限制。

合理性

1）常规的防火分隔措施有防火墙、防火门、防火窗、防火卷帘、防火分隔水幕，随着轨道交通的网络化发展，车站、车辆基地等轨道交通设施的规模不断增大，行车安全与客流组织的要求也越来越高，防火隔断的设置形式需结合建筑空间设计提供多样化的选择。

在《城市轨道交通地下车辆段（场）防火分隔型消防水系统研究》专题研究及专家评审意见的基础上，参考目前的实际案例，《省火标》提出利用高压细水雾系统作为Ⅱ类防火分隔措施之一。细水雾除具备冷却、窒息外，还具有隔绝辐射热及降温除尘等作用。

防火隔离带是利用空间距离划分防火分区的一种动态分隔方法，其做法是在建筑中划分出一段区域，在该区域内的建筑构件和装修全部采用不燃材料，并且不放置可燃物，同时采取设置挡烟垂壁自动喷水灭火系统等有效措施，阻止火灾由隔离带一侧向另一侧蔓延。防火隔离带的原理一是阻止可燃物间延燃，二是减弱隔离带一侧的火源对另一侧可燃物的辐射强度，使可燃物接收到的辐射热通量不足以点燃可燃物。防火隔离带主要用于无法或不便用防火墙、防火卷帘、防火水幕分隔的高大空间建筑防火分区的性能化设计。

2）Ⅰ类防火分隔采用固定的实体防火分隔措施，主要包括防火墙（隔墙）、防火门、防火玻璃、楼板、防火隔间等设施，为常规的防火分隔措施，平常就安装到位，火灾时防火性能稳定有效；Ⅱ类防火分隔采用活动的防火分隔措施，主要包括防火卷帘、水幕、高压细水雾等设施，平常隐蔽设置，火灾时通过手动或电动启动使用，其防火可靠性随着技术的发展已不断提升；Ⅲ类采用虚拟空间进行防火分隔，主要为防火隔离带，通过设置的安全区域来实现相邻区域的防火分隔，是高大空间建筑防火分区的性能化设计，需经专家论证后方可采用。

3）根据站厅客流疏散及空间需求，车站宜尽可能通透，对于通透的大空间如何进行有效的防火分隔，条文参考《建筑设计防火规范》（2018年版）GB 50016—2014第6.5.3条的要求，即对除中庭外的防火分隔限定防火卷帘长度，确保防火有效性，对于中庭不做限制。车站的大空间类似中庭，《省火标》虽然对防火卷帘的长度也不做限制,但为了确保防火分隔的有效性,规定每幅宽度不大于10m,设计在选用过程中应采用可靠的卷帘类型。

实施性

1)平面上防火分隔应优先考虑用Ⅰ类防火分隔,如防火墙(隔墙)、防火门,在有特殊需要的部位,如站厅公共区与商业等非地铁功能的连接通道等,可以采用防火玻璃墙局部替代防火墙或防火隔墙,并满足相应耐火性能的要求。

2)防火隔间可用于连通大规模的空间,如大站厅当需分隔成不同防火分隔区域时,防火分隔区域可采用防火隔间进行连通,防火隔间应满足《建筑设计防火规范》(2018年版)GB 50016—2014中第6.4.13条的要求。防火隔间再大也不允许开设更多的门洞;防火隔间为人员经常通行的地方,隔间墙上的门应尽量采用常开式防火门,并宜错开、不正对设置。防火隔间不需要设置加压系统。如图2.3-1所示。

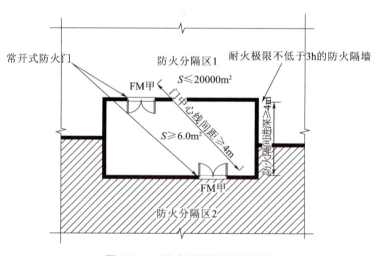

图2.3-1 防火隔间平面示意图

3)当Ⅰ类防火分隔影响行车安全或客流组织时,在不降低消防安全的前提下可采用Ⅱ类防火分隔。

(1)如既有车站公共区接入新建线路站厅,为满足换乘流线客流组织,采用Ⅱ类中的防火卷帘替代Ⅰ类的防火墙、防火门作为防火分隔措施(图2.3-2);采用防火卷帘进行防火分隔仍应考虑防火卷帘的可靠性,因此要求每幅宽度不大于10m。

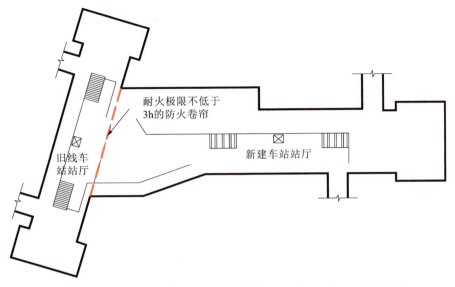

图 2.3-2 既有车站公共区接入新建线路站厅采用Ⅱ类防火分隔措施

（2）根据《地铁设计防火标准》GB 51298—2018 中第 3.3.4 条要求，地下消防车道与停车库等库房之间应采用耐火极限不低于 3.00h 的防火墙分隔。故地下车辆基地位于咽喉区的平交消防车道，靠库房侧需设置防火分隔措施，由于要保证车辆的穿行，无法采用实体防火分隔措施，可采用水幕、高压细水雾等Ⅱ类防火分隔措施（图 2.3-3）。另外，防火分隔水幕是国家标准《建筑设计防火规范》（2018 年版）GB 50016—2014 规定的一种防火分隔方式，其具体设计参数在《自动喷水灭火系统设计规范》GB 50084—2017 中有详细规定。有关高压细水雾防火分隔系统的设计强度需经试验后确定。列车通行的开口部位、消防车穿行库区的开口部位设置挡烟垂壁与高压细水雾防火分隔相结合的方式进行分隔，挡烟垂壁深度不小于该空间净高的 20%，高压细水雾防火分隔系统末端喷头设计工作压力为 10MPa，采用流量系数 $K=1.0$ 开式喷头；喷头的安装间距不大于 3.0m，不小于 1.5m，距墙不大于 1.5m，设置两排喷

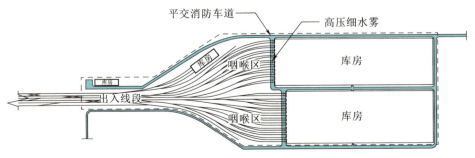

图 2.3-3 水幕、高压细水雾Ⅱ类防火分隔示意图

头，交错布置，排间距为 2.0m，安装高度 7.1m，满足实体火灾试验，可供设计参考。

4）防火隔离带的设置应综合考虑建筑内部的空间条件、火灾荷载、人员疏散以及消防设施的设置情况，并经计算确定其宽度，确保防火隔离带分隔的有效性，在设计中，考虑一定的安全系数后，建议将计算所得的防火隔离带宽度乘以 1.5 的安全系数。防火隔离带的宽度应保证一侧可燃物着火后不足以引燃另一侧可燃物。防火隔离带一侧可燃物着火后对一侧可燃物的影响主要来自热辐射作用，包括火源的热辐射和热烟气的热辐射两部分。

当防火隔离带一侧可燃物着火后，对另一侧可燃物产生的热辐射作用超过其临界辐射热通量时就会被引燃。防火隔离带宽度能满足安全要求的临界条件见公式：

$$q_f + q_s = \frac{Q}{12\pi (D/2+L)^2} + \varepsilon \times 5.67 \times 10^{-11} \times T_s^4 \times F_s = q_{max}$$

$$q_f = \frac{Q}{12\pi (D/2+L)^2} \tag{1}$$

式中 Q——火源的热释放速度，kW；

q_f——受火源辐射作用而收到的热流量，kW/m²；

L——防火隔离带的宽度，m；

D——火源直径，m。

$$q_s = \varepsilon \sigma T_s^4 \times F_s \tag{2}$$

式中 ε——辐射率，表示物体的辐射能与同温度下黑体的辐射能之比，取值在 0~1 之间；

σ——斯特藩常数，取 5.67×10^{-11} kW/(m²·K⁴)；

T_s——热烟气层的绝对温度，K；

F_s——热烟气层到下方可燃物的辐射角系数；

q_s——受热烟气层辐射作用而收到的热流量，kW/m²。

$$T_s = \frac{Q_c}{mC_p} + T_0 \tag{3}$$

式中 Q_c——对流热流量，即火源热释放速率中对流所占的部分，一般取火源热释放速率 Q 的 70%，kW；

C_p——烟气的比热，kJ/(kg·K)，可取 1.02；

m ——羽流的质量流量，kg/s；

T_0 ——环境绝对温度，取 298K；

T_s ——热烟气层的绝对温度，K。

当已知建筑物的使用性质、空间特性、火源规模与尺寸、可燃物的引燃性质等条件后，可根据式求解防火隔离带的临界宽度。如图 2.3-4 所示。

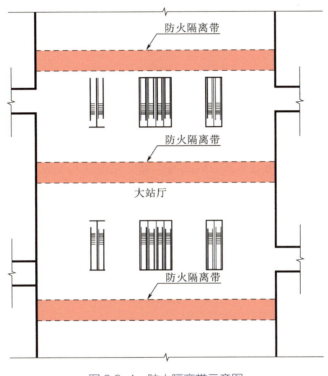

图 2.3-4 防火隔离带示意图

4.1.4 设有油浸变压器、充有可燃油的高压电容器和多油开关等火灾危险性较大设施的变电所宜独立建设，当条件困难、城市规划受限的情况下，可采用全地下布置方式，也可与车站、枢纽或其他建筑采用贴临的方式组合建造，并应符合下列规定：

1 与组合建造的建筑应划分为不同的防火分区，并应采用耐火极限不低于 4.00h 的防火墙和耐火极限不低于 3.00h 的楼板作为防火分隔，且该楼板不应开设洞口；

2 变电所内的油浸变压器、充有可燃油的高压电容器和多油开关等火灾危险性较大的设施不应布置在人员密集场所的上一层、下一层或贴邻，当确需布置时，应采用降低其火灾或爆炸危险性的措施；

> 3 当变电所设于地下时，每个防火分区最大允许建筑面积不应大于1000m²，设置自动灭火系统时，不应大于2000m²；当局部设置自动灭火系统时，其增加面积可按该局部区域建筑面积的1.0倍计算；
>
> 4 电缆隧道入口处、电缆竖井的出入口处、电缆头连接处、二次设备室与电缆夹层之间，均应采取防止电缆火灾蔓延的措施；
>
> 5 变电站的变压器应设置能贮存最大一台变压器油量的事故储油设施。当地下变电站采用水喷雾或细水雾消防时，油浸主变压器事故储油设施容量应能容纳最大一台变压器的事故排油量以及消防水量。

差异性

在《地铁设计防火标准》GB 51298—2018第3.2.3条要求地铁的主变电所应独立建造的基础上，结合城市规划实际的限制及困难，提出了地铁、城际的主变电所采用全地下布置方式，以及与车站、枢纽或其他建筑采用贴临的方式组合建造需满足的必要条件。

合理性

1)《35kV—220kV城市地下变电站设计规程》DL/T 5216—2017第2.0.1、3.1.1条，均明确允许地下变电站与其他建构筑物（工业或公共建筑物）合建。

2)《地铁设计防火标准》GB 51298—2018第3.2.3条提出地铁的主变电所应独立建造的要求，主要是因为地铁不仅是重要的城市交通设施，也是人员聚集的场所，独立建造有利于保证地铁供电的安全，避免对社会生产、生活，甚至社会秩序产生较大不良影响。目前，我国地铁主变电所的电源一般来自地区110kV或35kV电源，其主变压器大多采用油浸式变压器，对防火和消防设施要求较高。此外，主变电所内集中设置了较多的大电流、高电压设备，对防电磁辐射的要求较高。主变电所独立建造不仅有利于安全，而且便于设备的运行维护和突发故障的检修。

3)解读《建筑设计防火规范》（2018年版）GB 50016—2014中第5.4.12条，油浸变压器与建筑的关系分为三种，建筑外、贴邻、建筑内：

（1）油浸变压器宜设在建筑外的专用房间；

（2）确需贴邻民用建筑布置时，采取不应贴邻人员密集场所、专用房间、耐火等级不应低于二级等三种措施；

（3）确需布置在民用建筑内时，采取不应布置在人员密集场所的上一层、下一次或贴邻，并符合《建筑设计防火规范》（2018年版）GB 50016—2014第5.4.12条第1~10款规定，其中第9款明确"油浸变压器的总容量不应大于1260kV·A 单台容量不应大于630kV·A。"城际主变的油浸变压器的总容量一般为10~50MVA，地铁主变的油浸变压器的总容量一般为16~63MVA，都超过第9款的要求，变电所的主变压器不应采用设置在建筑内的方式。

4）综合以上三个规范的要求，《省火标》提出的"贴邻"的方式组合建造，采取物理隔离，消防分离，疏散独立的措施，可视作"独立建造"的一种，与《地铁设计防火标准》GB 51298—2018中条文"3.2.3 主变电所应独立建造。"不矛盾。如图2.3-5所示。

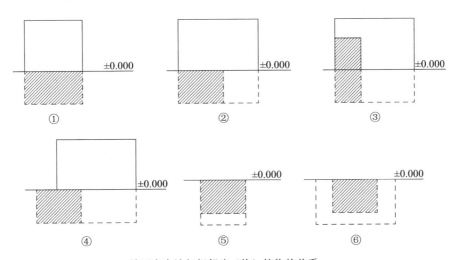

图 2.3-5　地下主变电所与相邻建（构）筑物的关系

实施性

1）城际铁路和地铁的供电方式不同，城际列车一般采用交流供电，地铁列车一般采用直流供电，因而变电所（主所）的设计范围也有所区别。

（1）城际铁路变电所采用列车牵引变电所与电力中压配电所合并建设，且按照功能可分为3大部分：引入110kV或220kV高压电源，为牵引供电系统输出27.5kV的单相交流电，为中压配电系统输出交流35kV（或20kV、

10kV）的中压配电电源；

（2）我国地铁主变电所的电源一般来自地区110kV或35V电源，地铁给列车供电的牵引变压器通常与车站合建，不在变电所（主变）的设计范围。

2）变电所内不应设置与变配电无关的其他功能场所，并通过合理的平面布置，使变电所布置在组合建造的建筑边缘，宜有一侧外墙不与其他建筑相邻，降低其发生火灾后的危险性。

3）应与组合建造的建筑划分为不同的防火分区，并应采用耐火极限不低于4.00h的防火墙和耐火极限不低于3.00h的楼板作为防火分隔，且该楼板不应开设洞口。用于该防火分隔的防火墙不应设置连通口，确需局部连通时，应采用防火隔间的方式，且防火隔间满足《建筑设计防火规范》（2018年版）GB 50016—2014的相关要求。防火墙、楼板及防火隔间均应满足其任意一侧受到爆炸冲击波作用并达到设计压力时，均能保保证墙体和楼板的稳定性和安全性，并满足防爆要求；防火隔间的墙体、楼板及防火门也应满足防爆要求。

4）变电所内的油浸变压器、充有可燃油的高压电容器和多油开关等火灾危险性较大的设施不应布置在人员密集场所的上一层、下一层或贴邻，当确需布置在人员密集场所的上一层、下一层或贴邻时，应采用降低其火灾或爆炸危险性的措施，相关措施包括但不限于在人员密集场所上下或水平之间设置结构夹层，避免直接贴临；提高相应部位的结构抗爆和耐火性能。"人员密集场所"，即《中华人民共和国消防法》定义的人员密集场所。

5）当变电所内设置消防控制室时，应设在地面或地下一层，并应靠外墙布置，且附近应有直通室外的出入口。牵引变电所一般无人值守，因此不强制要求变电所内设置需要人员值守的消防控制室。无人值守的变电所应设置消防监控设备，并应与组合建造的车站或其他建筑的消防系统联动。

6）当变电所设于地下时，每个防火分区最大允许建筑面积不应大于1000m²，设置自动灭火系统时，不应大于2000m²；当局部设置自动灭火系统时，其增加面积可按该局部区域建筑面积的1.0倍计算。

7）与组合建造的相邻区域不应共用疏散设施，疏散楼梯、消防电梯应直通室外，当受地面条件限制无法直通室外时，应采用避难走道、扩大前室等措施满足疏散要求。

8）主变压器室附近的地面应设置应急救援入口。

9）电缆隧道入口处、电缆竖井的出入口处、电缆头连接处、二次设备室与电缆夹层之间，均应采取防止电缆火灾蔓延的措施。

10）变电站的变压器应设置能贮存最大一台变压器油量的事故储油设施。当地下变电站采用水喷雾或细水雾消防时，油浸主变压器事故储油设施容量应能容纳最大一台变压器的事故排油量以及消防水量。

11）根据大量同类工程分隔楼板耐火极限试验及模拟研究报告可判断，当采用现浇整体式梁板时，梁板厚度不小于170mm，梁底及梁侧混凝土保护层厚度50mm，板底混凝土保护层厚度30mm，或梁板厚度不小于180mm，梁底及梁侧混凝土保护层厚度50mm，板底混凝土保护层厚度20mm，楼板的耐火极限不低于3.00h。

12）可利用地下车站配线空间设置变电所，变电所与车站贴邻组合建造（图2.3-6）。

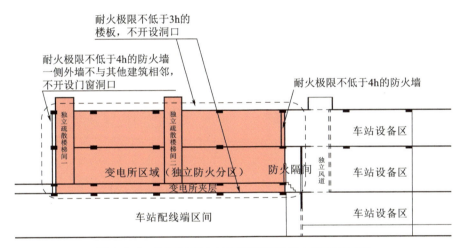

图2.3-6 利用地下车站配线空间设置主变电所示意

4.3.1 地下车站内设置的商铺应符合下列规定：

1 出入口通道内严禁设置商铺；

2 每个防火分隔区的商铺总面积不应大于100m²，或每5000m²范围内的商铺总面积不应大于100m²；单间商铺的建筑面积不应大于30m²，单处商铺总面积不应大于100m²，两处商铺的净距不小于9m。

差异性

地下车站内设置的商铺在满足《地铁设计防火标准》GB 51298—2018第

4.1.5条第2款分散设置商铺的要求前提下,《省火标》借鉴了《民用机场航站楼防火设计规范》GB 51236—2017第3.5.4条对航站楼公共区商业设置的要求,结合人性化设计的需求,补充了大站厅车站商铺的设置要求。

1)若设置了防火分隔,每个防火分隔区商铺均可按不大于100m²设置(图2.3-7)。

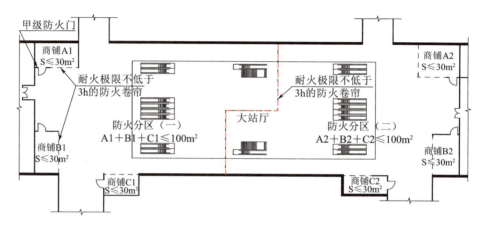

图2.3-7　大站厅有防火分隔时商铺的布置

2)若未设置防火分隔,可按每5000m²范围内的商铺总面积不应大于100m²设置,但每处(组)商铺的净距不小于9m。如图2.3-8所示。

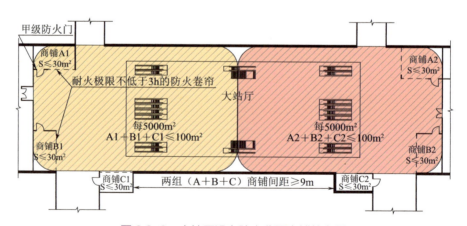

图2.3-8　大站厅没有防火分隔商铺的布置

合理性

1)《地铁设计防火标准》GB 51298—2018第4.1.5条第2款要求每个站厅商铺总面积不大于100m²,当大站厅设置防火分隔时,每个防火分隔区相当于条文中"每个站厅",那么每个防火分隔区商铺均可按不大于100m²设置。

2)商铺属于可燃物较多的功能空间,借鉴了《民用机场航站楼防火设计规范》GB 51236—2017 第 3.5.4 条对航站楼公共区商业设置的要求,按每5000m²范围内的商铺总面积不应大于100m²设置,但每处(组)商铺的净距不小于9m。使存在可燃物的场所局部相对集中,又在公共区相对分散,形成不会导致大火的离散布置形态,从而实现控制火灾规模的目的。商铺的处(组)与处(组)之间设置 9.0m 宽的间距,根据有关工程的论证结论和该类商业设施的可能火灾规模,基本可阻止火势向其他区域蔓延。

实施性

1)出入口通道属于《地铁设计防火标准》GB 51298—2018 第 4.1.5 条中"乘客疏散区"的范畴,严禁设置商铺,商铺的主入口不应向着通道开设,空间上可以是通道的一部分,当疏散门开向出入口通道时,需确保完全开启状态下不入侵通道有效宽度,既保证在正常运营时方便服务乘客,在紧急状态下又不影响人员疏散。如图 2.3-9 所示。

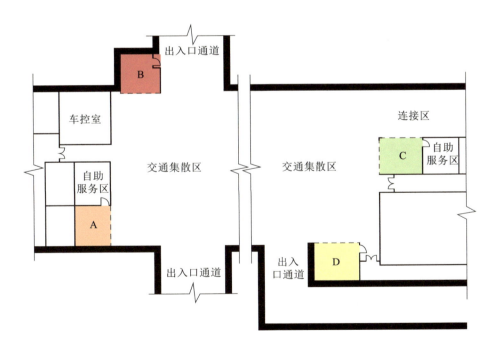

图 2.3-9 地下车站商铺布置示意

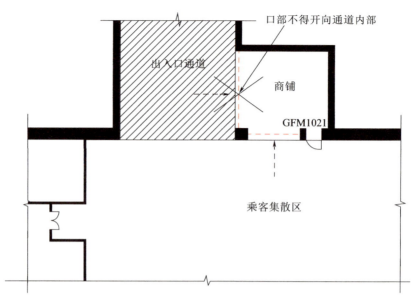

图 2.3-9　地下车站商铺布置示意（续）

2）对于通道换乘车站，换乘通道按《省火标》第 4.3.5 条设置防火卷帘，每线站厅各自独立，每线商铺均可按不大于 100m² 设置。

3）若未设置防火分隔，可按每满 5000m² 设置 100m² 的原则来推算，譬如 8000m² 站厅的商铺面积不大于 100m²，11000m² 站厅的商铺面积不大于 200m²。

4）对于地上车站，当商铺作为站厅防火分区的一部分，执行《省火标》的要求；当商铺与车站之间设有防火分隔并疏散独立，其规模不受《省火标》限制，其防火设计应执行《建筑设计防火规范》（2018 年版）GB 50016—2014 中有关商业的相关要求。

4.3.2　地下车站的站厅在满足以下要求的前提下可不做防火分隔：

1　地下车站站厅疏散需满足以下要求：任一点到安全出口的最大疏散距离不应大于 50m，每线安全出口不少于两个；

2　面积超过 5000m² 的站厅净高不宜小于 5.5m，面积超过 10000m² 的站厅净高不宜小于 6m，超过 15000m² 的站厅净高不宜小于 6.5m。

差异性

针对《地铁设计防火标准》GB 51298—2018 第 4.2.1 条的"站厅公共区

的建筑面积不宜大于5000m²"，在条文说明中要求"当站厅公共区面积超过5000m²时需要采取防火分隔措施"。《省火标》结合地下车站客流组织要求高但火灾危险性相对较低的特征，借鉴了《民用机场航站楼防火设计规范》GB 51236—2017第3.3.4条中"公共区可按功能划分防火分区"，在满足安全疏散的前提下，站厅可不做防火分隔。

合理性

《省火标》针对公共区面积超过5000m²的情况，提供了两种解决方案，其一可按《省火标》第4.1.2条"当车站公共区采用防火卷帘分隔时，耐火极限不应低于3.00h，当每幅宽度不大于10m时，幅数可不限。"进行防火分隔。第二种解决方案即本条条文所述，借鉴了《民用机场航站楼防火设计规范》GB 51236—2017第3.3.4条的做法，按功能划分防火分区，在满足疏散要求的前提下可不做防火分隔。

第二种方案的合理性主要基于以下原因：

（1）在民用机场中，对于出发区、到达区、候机区等公共区，由于空间高大且相互贯通，一方面难以划分防火分区，另一方面也为满足其使用需求，保证旅客流程便捷、顺畅，因而规范明确可按功能划分防火分区。地铁站厅与之类似，在地铁车站中是同一性质的功能区，而在较大空间中进行防火分隔，往往影响使用功能和空间观感，且分隔疏散的实际效果往往不如大空间向各个方向疏散更加有效。

（2）由于地铁车站站厅没有可燃物，只存在行李火灾的可能，火灾荷载低，极少数量的商铺单独划分防火分区，也没有扩散的条件，因此对站厅进行防火隔断的作用不大，防火隔断反而给疏散带来障碍。

（3）为了进一步保证大空间疏散的安全性，本条文还规定的相应的层高要求，以扩大蓄烟空间，提升火灾情况下的疏散清晰高度，保证长距离视觉效果。

实施性

1)"每线安全出口不少于两个"中的安全出口包含乘客正常运营出入口及紧急疏散用的安全出口，同时站厅还需满足《地铁设计规范》GB 50157—2013第9.5.1条"每个公共区直出地面出入口数量不得少于两个"的要求。

按照规范组"关于请示明确'公共区直通地面的出入口'定义的函的回

函":《地铁设计规范》GB 50157—2013 第 9.5.1 条所指的"公共区直通地面的出入口",是指正常运营情况下供乘客进、出站使用的出入口,不包含专门为紧急情况下供乘客疏散使用的"安全出口"。

举例来说,某 A 线 B 线 C 线三线换乘车站,站厅公共区面积为 15000m²,根据"每线安全出口不少于两个",站厅总的安全出口(含疏散口及出入口)应不少于 6 个,同时,还应满足:①当站厅不划分防火分区时,按一个公共区考虑,直出地面出入口不少于两个;②当根据《省火标》第 4.1.2 条采用通长防火卷帘进行防火分隔并划分为 3 个防火分区时,应按三个公共区对待,每个公共区应有两个直出地面的出入口,共 6 个出入口。因此,站厅是否进行防火分隔,需要根据出入口设置条件、站厅层高条件、商铺数量需求等方面综合考虑。没有加大层高条件、商铺需求多、地面有条件设置多个出入口时,建议站厅进行防火分隔,反之可按不进行防火分隔来设计。

2)既有车站加入新换乘线路,当新旧区域之间设置防火分隔时,每个防火分隔区均要满足疏散安全出口个数的要求,防火分隔区之间的连通口不应计作直通地面的安全出口,但可作为一般安全口参与疏散距离计算(图 2.3-10)。

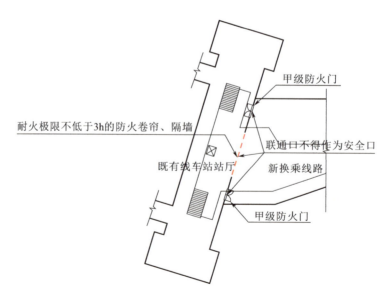

图 2.3-10　防火分隔区疏散示意图

3)大站厅车站应尽量提高层高,扩大蓄烟空间,本条文中的站厅净高是指站厅地面装修完成面到顶板板底的高度,若为封闭的天花时,净高算至天花底面。

4.3.3 在站厅公共区同层布置的集中商业等非轨道交通功能场所，除应满足现行国家标准《地铁设计防火标准》GB 51298 的相关规定外，尚应符合下列规定：

1 当采用通道连通时，通道与商业的防火分隔耐火极限应不低于 3.00h；

2 当多个通道并列设置时，通道与商业的防火分隔耐火极限应不低于 3.00h；通道之间的防火分隔设施耐火极限不应低于 2.00h，通道数量不应多于 3 条；

3 连接通道内应设置 2 道分别由地铁和商业等非地铁功能的场所控制且耐火极限均不低于 3.00h 的防火卷帘。

差异性

对于在站厅同层共墙布置的集中商业等非轨道交通功能场所，当采用通道连接时，满足《地铁设计防火标准》GB 51298—2018 第 4.1.6 条"连接通道的长度不应小于 10m、宽度不应大于 8m"基础上，本条文补充明确 3 条以内连接通道并列布置的要求，以及明确防火分隔措施除使用 3.00h 防火墙，也可以使用其他等效分隔措施（如防火玻璃等），这样满足防火性能的前提下设计更为灵活。

合理性

《地铁设计防火标准》GB 51298—2018 第 4.1.6 条"连接通道的长度不应小于 10m、宽度不应大于 8m"，是参照《建筑设计防火规范》（2018 年版）GB 50016—2014 中第 5.3.5 条有关地下总建筑面积大于 20000m² 的商业场所之间的防火分隔措施。

实施性

1）在站厅公共区同层布置的商业等非轨道交通功能场所，相互间宜采用下沉式广场、连接通道、防火隔间等方式连通，不应直接连通（图 2.3-11）。

2）当站厅公共区与商业等非轨道交通功能场所采用下沉式广场连通时，下沉式广场的设计应符合现行国家标准《建筑设计防火规范》（2018 年版）GB 50016—2014 的相关规定。地铁开向下沉广场的出入口、风亭等开口之间的距离符合《地铁设计防火标准》GB 51298—2018 中条文第 3.1.3、3.1.4 条的规定，地铁开向下沉广场的开口与商业等非轨道交通功能场所开向下沉广场的开口最近边沿之间的水平距离应符合《建筑设计防火规范》（2018 年版）GB 50016—2014 中第 6.1.3、6.1.4 条的要求。如图 2.3-12 所示。

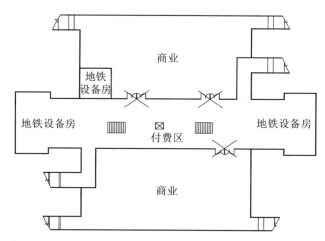

图 2.3-11　站厅公共区与商业共墙直接连接（错误示例防火隔墙上直接设防火门）

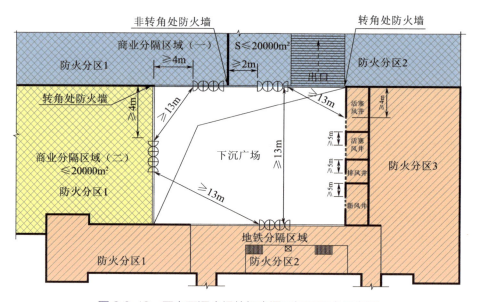

图 2.3-12　开向下沉广场的门窗洞口间距要求示意图

3）当站厅公共区与商业等非轨道交通功能场所采用通道连通时，应符合以下规定：

（1）连接通道的口部距站厅公共区边界的长度不应小于10m，宽度不应大于8m，10m通道段内不得开设任何门窗洞口，且在连接通道口部的交界处分别设置由轨道交通和连通场所控制、耐火极限均不低于3.00h的2道防火卷帘。如图2.3-13、图2.3-14所示。

（2）口部的2道防火卷帘应设置在商业等非轨道交通功能场所一侧，可并列设置在一起，也可分开设置：

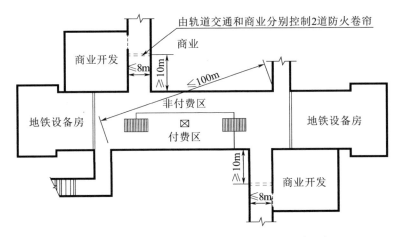

图 2.3-13 公共区与商业通道连接示意图（一）

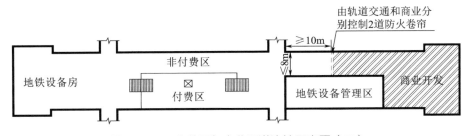

图 2.3-14 公共区与商业通道连接示意图（二）

①当 2 道防火卷帘并列设置在一起时，发生火灾时火灾侧的防火卷帘降下，地铁一侧防火卷帘至车站最近安全出口的距离不应大于 50m，商业等非轨道交通功能场所一侧的防火卷帘至其最近安全出口的距离应符合《建筑设计防火规范》（2018 年版）GB 50016—2014 的相关规定。如图 2.3-15 所示。

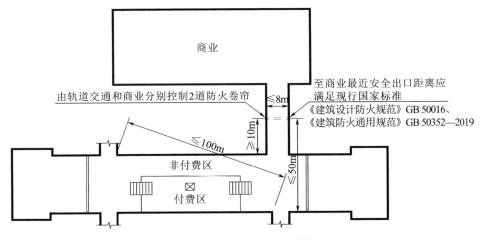

图 2.3-15 通道接口防火卷帘合并设置示意图

②当2道防火卷帘分开设置时，2道防火卷帘的间距不限，发生火灾时火灾侧的防火卷帘降下，防火卷帘至其最近安全出口的距离应符合①中的要求，防火卷帘关闭后的另一侧通道处于无火灾区，疏散距离不限。如图2.3-16所示。

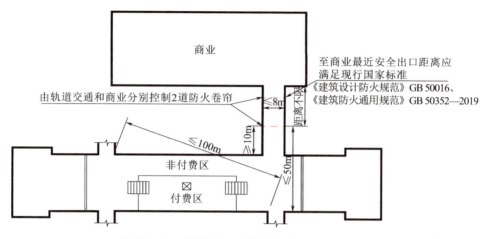

图 2.3-16　通道接口防火卷帘分开设置示意图

（3）当商业需加大与地铁站厅的连接面时，不应采用加宽通道宽度的做法，但可以采用多条通道并列布置的方式，通道数量不应多于3条。除口部连接处可采用防火卷帘外，其他部位的防火隔断应采用防火墙或防火玻璃等I类防火分隔措施。通道与商业之间的防火分隔措施耐火极限均不低于3.00h，通道与通道之间的防火分隔措施耐火极限均不低于2.00h，当采用玻璃进行分隔时，应为A类防火玻璃。如图2.3-17所示。

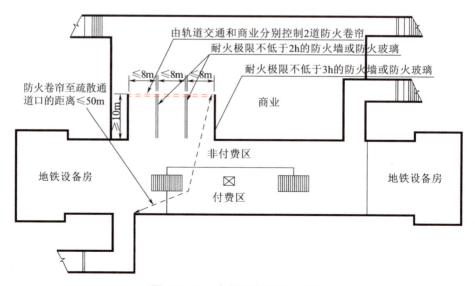

图 2.3-17　多条通道连通示意图

4）当站厅公共区与商业等非轨道交通功能场所共墙布置采用防火隔间连通时，应符合下列规定（图 2.3-18）：

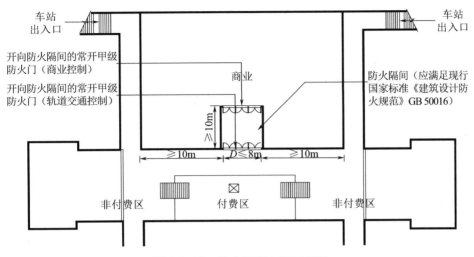

图 2.3-18　防火隔间连通示意图

（1）防火隔间应设置在商业等非轨道交通功能场所一侧，其设计应符合《建筑设计防火规范》（2018 年版）GB 50016—2014 的相关规定；

（2）共用墙体应为防火墙，墙体上开设的连通门洞的宽度不应超过 8m；

（3）连通门洞与车站出入通道口的净距不应小于 10m；

（4）门洞上设置开向防火隔间的常开甲级防火门，任一侧火灾时，人员撤离后所有防火门均应处于关闭状态。

5）站厅公共区与商业等非轨道交通功能场所的安全出口应各自独立设置。两者连通口、防火隔间均不能作为相互间的安全出口。

6）本条文只适合商业等非轨道交通功能场所与同层站厅连接的情形，若是连接至出入口通道，应执行《省火标》第 5.3.9 条的要求。

4.3.4　车站不同层公共区之间设置除上下楼梯或扶梯开口外的其他连通洞口时，应满足以下要求：

1　当不同层站台之间设置其他上下连通的洞口时，连通空间应设置防火分隔；

2　站台层与站厅层之间除上下楼梯或扶梯的开口外，不宜设置其他上下连通的洞口。确需设置其他连通洞口时，应满足本标准 5.3.7 的疏散要求；

3　当不同层站厅之间设置其他上下连通的洞口时，各层站厅应独立疏散，连通洞口可不设置防火分隔。

5.3.7 当车站公共区上下层之间设置了除上下楼梯或扶梯的开口外的其他连通洞口时，应符合下列要求：

1 当不同层站台或不同层站厅之间设置了其他上下连通的洞口时，各层应独立疏散；

2 当站台层与站厅层之间设置了其他连通洞口时，应保证站台层的疏散人员在 6min 内全部撤离到上方任一层站厅。

7.0.1 轨道交通地下车站站台公共区发生火灾时，位于站台层上方的站厅公共区作为 C 类安全区应符合下列规定：

1 站台层与上层安全区的楼扶梯疏散通道的最小断面向下风速应不小于 1.5m/s；

2 当站台层与站厅层之间设有除楼扶梯开孔以外的多处连通口时，宜单独划分防烟分区，洞口所在分区的排烟量执行现行国家标准《建筑防排烟系统技术标准》GB 51251 规定，并应保证其满足疏散要求。

差异性

《地铁设计防火标准》GB 51298—2018 中第 4.2.11 条提出限制站台到站厅设置中庭（对站厅之间及站台之间的中庭未有限制），但中庭车站这种通高特色车站在各城市都依然多有采用，为此，《省火标》明确了车站当设置中庭时，需满足的防火分隔、安全疏散、烟气控制等要求。

1）不同层站厅之间设置中庭时，各层站厅应独立疏散，连通洞口可不设置防火分隔。

2）不同层站台之间设置中庭时，连通空间应设置防火分隔，各层站台各自独立疏散。

3）站厅与站台之间不宜设置中庭，确需设置时，应满足 4min 撤离站台，6min 到达疏散安全区的要求。若站厅仍作为站台的 C 类疏散安全区，且中庭的楼扶梯作为紧急疏散用途时，应采取措施将烟气控制在发生火灾的防烟分区内。

合理性

传统车站在站厅到站台的楼扶梯口能形成不小于 1.5m/s 的向下气流时，站厅为站台的 C 类安全区。当站厅到站台的楼梯和扶梯的洞口扩大从而形成中庭共享空间，在发生火灾时开口部位很难形成可防止烟气向上蔓延的气流，烟气会由站台经中庭直接蔓延至站厅层，破坏了传统地铁车站站厅层作为疏散安全区的基础。因此，当设置中庭时，应解决下层烟气控制及安全疏散问题，《省火标》提出了以下三种情况的安全规定：

1）当站厅与站厅之间设置中庭，各层站厅独立疏散时，下层站厅（站台之上的站厅）与站台之间楼扶梯依然满足传统的烟气控制及安全疏散要求，下层站厅仍可作为站台的C类疏散安全区；上层站厅也独立疏散，站厅之间的楼扶梯可不作为疏散楼梯，两层站厅也没有独立防火分区的要求，因此连通洞口可不设置防火分隔。

2）当站台与站台之间设置中庭时，两线火灾不应相互影响，下层烟气不应影响上层站台，上、下站台不应相互疏散，中庭设置的联系楼梯或扶梯在火灾时不能相互借用作为安全出口，按照《地铁设计防火标准》GB 51298—2018中第4.2.4条的要求，应在楼梯或扶梯开口处的设置防火卷帘，火灾时自行关闭。

3）当站厅与站台之间设置中庭时，当站厅仍作为站台火灾时的C类安全区，中庭内的楼扶梯可作为安全疏散使用，参考《城市轨道交通试运营前安全评价规范》AQ/T 8007—2013，人员疏散路径区域1.5m高度的温度不超过60℃，中庭区域划分为独立的防烟分区，排烟量执行《建筑防排烟系统技术标准》GB 51251—2017的规定，并采取措施阻挡烟气蔓延至站厅或将由站台上升到站厅的烟气控制在中空区域，不蔓延至中庭外的人员疏散空间。

实施性

1）当站厅与站厅之间设置中庭时，各层站厅应独立疏散：各层设置直出地面的出入口通道或紧急疏散通道，其中紧急疏散通道可直出地面，也可采用《省火标》第5.3.6条第2款第①点的作法。中庭周边（连通洞口）可不设置防火分隔。如图2.3-19所示。

2）当站台与站台之间设置中庭时，下层烟气不应影响上层站台，上、下站台不应相互疏散，中庭设置的联系楼梯或扶梯，在火灾时不能相互借用作为安全出口，应在楼梯或扶梯开口处的设置防火卷帘，火灾时应能自行关闭（图2.3-20）；当中庭未设联系楼梯或扶梯，可在下层洞口设置一圈防火卷帘，火灾时应能自行关闭（图2.3-21）。

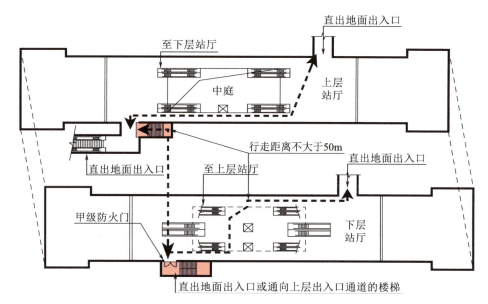

图 2.3-19 站厅与站厅之间的中庭各层站厅独立疏散示意图

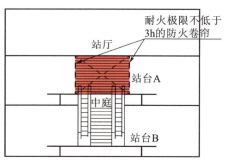

图 2.3-20 站台与站台之间的中庭设置联系楼梯或扶梯时

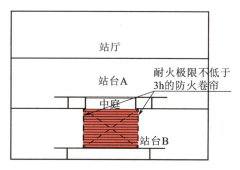

图 2.3-21 站台与站台之间的中庭不设置联系楼梯或扶梯时

3）当站厅与站台之间设置中庭时，烟气控制方案可结合具体车站方案研究确定，包括：楼扶梯口设置挡烟风幕、设置防烟分隔减小站厅站台连通口的过风面积、加强出入口补风形成站厅疏散区域的相对正压、加强中庭区域的挡烟分隔与加大排烟量等措施。如图 2.3-22、图 2.3-23 所示。

4）应保证站台层的疏散人员在 6min 内全部撤离到上方任一层站厅。当中庭的烟气控制措施满足人员疏散安全的要求时，站厅仍作为站台火灾时的 C 类安全区，中庭内的楼扶梯可作为安全疏散使用；当中庭楼扶梯不作疏散使用时，可在站台层公共区两端增设专用封闭疏散楼梯间，满足撤离站台 4min 疏散要求。如图 2.3-24、图 2.3-25 所示。

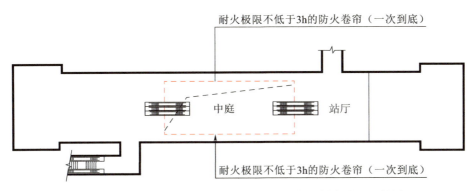

图 2.3-22 烟气控制措施范例一：防火分隔减小站厅站台连通口的过风面积

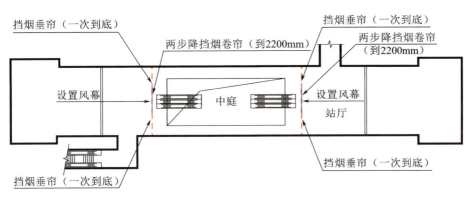

图 2.3-23 烟气控制措施范例二：挡烟垂帘＋风幕

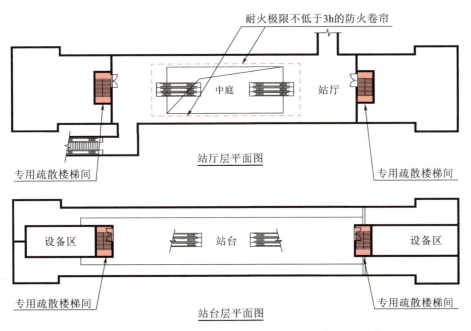

图 2.3-24 增设专用封闭疏散楼梯间（借用站厅疏散）

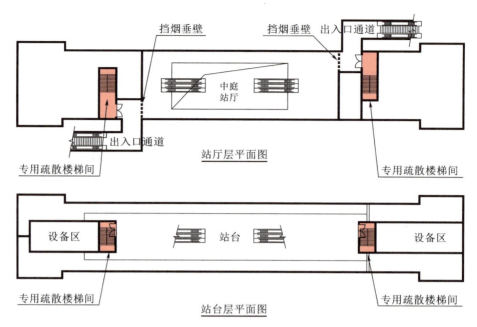

图 2.3-25 增设专用封闭疏散楼梯间（不借用站厅疏散）

> 4.3.5 地下车站采用通道换乘时，换乘通道除应满足现行国家标准《地铁设计防火标准》GB 51298 的要求，尚应符合下列规定：
> 1 换乘通道内不应布置商铺及其他非地铁功能设施；
> 2 换乘通道仅作为正常情况下的客流通行，不应作为车站火灾的疏散通道；
> 3 换乘通道两端与车站的连通处应设耐火极限不低于 3.00h 的防火卷帘分隔，每幅防火卷帘的宽度不应超过 10m，幅数可不限。当一端车站发生火灾时，该端的防火卷帘关闭。

差异性

《地铁设计防火标准》GB 51298—2018 中第 4.2.8 条，对横向连接的换乘通道明确了防火分隔要求，但对通道的疏散距离未有明确。由于城市轨道交通线网的不断加密，换乘车站越来越多，建设难度也越来越大，当受已有工程空间与外部边界条件限制时，换乘通道的长度存在很大的不确定性，因此本条文补充换乘通道不限疏散距离要求时需满足的条件。

合理性

换乘通道内不应布置商铺及其他非地铁功能设施，除通行人员外不存在其他的滞留火灾隐患，可不考虑自身发生火灾，但要考虑相邻车站火灾时通道内乘客的撤离。当一端车站发生火灾时，换乘通道不作为火灾车站的疏散通道，该端的防火卷帘关闭，通道内的乘客撤离到另一端的非火灾并相对安全的车站，通道内疏散距离可不作要求，但不建议总长度超过300m。当有条件时，鼓励通道内设置对外安全出口，防火卷帘关闭后站厅疏散距离仍按至最远端50m的要求。如图2.3-26所示。

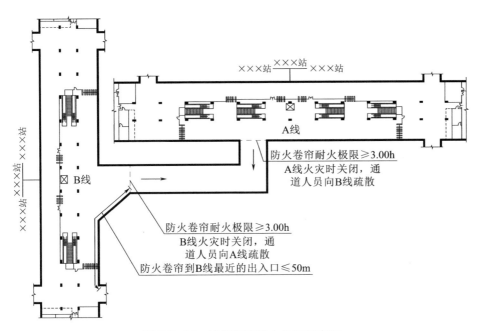

图 2.3-26 换乘通道防火分隔示意图

实施性

1）当换乘通道内无法设置对外安全出口时，换乘通道的总长度不宜超过300m，换乘通道长度是指两端防火卷帘之间的行走距离。

2）防火卷帘的设置位置可按其关闭后，与公共区的连通区域归为公共区一部分，按公共区统一处理，保证最远点疏散距离不大于50m控制。

3）防火卷帘总长度不限，但应分幅设置，每幅防火卷帘的宽度不应超过10m。

4）地下车站采用通道换乘时，换乘通道可以连通不同线路车站之间的站厅与站厅、站厅与站台、站台与站台，均可按本条的规定执行。

5）在实际工程中，当某些车站出入口通道受边界条件限制，无法满足

《地铁设计防火标准》GB 51298—2018 规定的"地下车站出入口通道的长度不宜大于 100m,当大于 100m 时,应增设安全出口。"时,也可参照换乘通道的作法。举例来说,当某出入口在与站厅连接处设有防火门或防火卷帘,且关闭此门或卷帘时车站其他出入口能满足车站使用要求和防火疏散要求,该出入口通道可按换乘通道来处理。即当该出入口通道能直出地面,通道内无其他非地铁功能空间和设施时,长度可按控制在 300m 内处理。防火分隔处为防火卷帘时分两步下降。

> 4.3.6 地下车站采用节点换乘时,在下层站台的通道或楼扶梯口处可采用耐火极限不低于 3.00h 的防火卷帘分隔,其他部位应设置耐火极限不低于 2.00h 的防火隔墙;通道与下层站台的防火分隔处应同时设置宽度不小于 0.9m 开向下层有效站台的逃生门。

差异性

《地铁设计防火标准》GB 51298—2018 第 4.2.6 条对于节点站台之间的竖向提升的换乘通道明确防火隔断要求,但未明确火灾时节点内乘客撤离的路径,本条文参考《轨道交通工程消防审查疑难问题专家研讨会会议纪要》(北京市施工图审查协会轨通交通分委员会,京审协技纪字〔2021〕5 号)补充该要求,在节点下层处增设开向有效站台的逃生门。

合理性

1)站台与站台之间的换乘通道、换乘梯仅作为正常情况下的客流通行,不作为车站火灾的安全出口。换乘通道、换乘梯内除通行人员外,不存在其他的滞留火灾隐患,因此不考虑自身发生火灾,但要考虑相连车站火灾时通道内乘客的撤离。

2)根据《地铁设计防火标准》GB 51298—2018 第 4.2.6 条,要求换乘节点在下层站台的通道或楼扶梯口处采用耐火极限不低于 3.00h 的防火卷帘就行分隔,当下层站台发生火灾还时,关闭下层站台的防火卷帘,换乘节点乘客向非火灾的上层站台撤离,疏散距离不限,但当上层站台发生火灾时,关闭下层站台的防火卷帘,换乘节点通道内的乘客存在向上层火灾站台撤离,与烟气上升方向一致的风险,且换乘节点的疏散距离很难满足 50m 的要求。

3）对于有条件的换乘通道、换乘梯，可执行《省火标》第 4.3.5 条的要求，换乘节点通道两端均设耐火极限不低于 3.00h 的防火卷帘分隔，当发生火灾时关闭火灾站台端的防火卷帘，节点通道内的乘客撤离到另一端的非火灾站台，节点通道内疏散距离可不作要求。如图 2.3-27 所示。

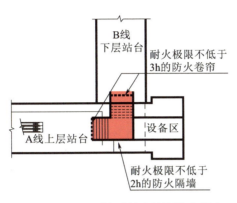

图 2.3-27　L 形换乘节点均设防火卷帘

4）对于受上层站台使用空间的影响，在上层站台设置防火卷帘较为困难，而且考虑到上层站台火灾的烟气不会朝下进入下行通道，不影响通道内的乘客向下撤离，因此参照《地铁设计防火标准》GB 51298—2018 第 4.2.6 条，仅要求在下层站台与换乘通道之间设置防火分隔，参考《轨道交通工程消防审查疑难问题专家研讨会会议纪要》（北京市施工图审查协会轨通交通分委员会，京审协技纪字〔2021〕5 号）在节点下层处增设开向有效站台的逃生门。当下层车站发生火灾时，防火卷帘关闭，通道内乘客向上层车站撤离；当上层站台火灾，防火卷帘关闭，换乘通道内乘客就近撤离，即可通过逃生门向下层车站撤离，也可在保证安全的情况下向上层车站撤离，如图 2.3-28 所示。

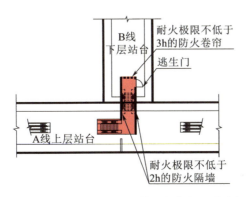

图 2.3-28　T 形换乘节点通道防火卷帘 + 逃生门

> **实施性**

1）注意下层防火卷帘与楼扶梯之间应留有适当的乘客缓冲空间，防火卷帘采用分步降的方式。

2）换乘通道、换乘梯的总长度不宜超过300m，换乘通道长度是指上下层防火卷帘之间的行走距离，或下层防火卷帘到上层开口处的行走距离。

2.4 安全疏散

> 5.1.2 对于地下车站疏散，当发生火灾事故时，应保证疏散人员在4min内全部撤离站台，其中计算超高峰小时最大客流量时一列进站列车载客人数（Q_1）不需要取高峰系数，疏散时的扶梯数量（N）应为疏散方向的扶梯，疏散时需减掉的1台故障扶梯可考虑为非疏散方向的扶梯。

> **差异性**

本条在《地铁设计防火标准》GB 51298—2018第5.1.1、5.1.2条的基础上，进一步明确地下车站乘客撤离站台疏散时间计算Q_1与N–1的取值。

1）计算超高峰小时最大客流量时一列进站列车载客人数（Q_1）不需要取高峰系数。

2）火灾时的疏散方向扶梯数量N–1，需减掉的1台故障扶梯可考虑为非疏散方向的扶梯，疏散方向扶梯数量可不减少。

> **合理性**

1）根据《地铁设计规范》GB 50157—2013第9.1.3条，超高峰设计客流量是指该站高峰小时客流量乘以1.1~1.4的系数，主要考虑高峰小时内进出站客流量存在不均匀性。《地铁设计规范》GB 50157—2013是假定高峰20min内通过37%~47%的高峰小时客流量，故取超高峰系数为1.1~1.4。根据《城市轨道交通客流预测规范》GB/T 51150—2016规定，在工程初步设计阶段的客流预测成果除了高峰乘降客流和断面客流外，应包括各出入口分方向的超高峰系数，与《地铁设计规范》GB 50157—2013要求类似，仅指进出站客流的不均匀性而言，主要指进站在站台等候的乘客数量以及下车出站乘客数量存在不均匀性，对于断面客流超高峰系数而言，规范未作出预测要求。考虑到超高峰时进、出站的客流量都大，故对断面客流的不均匀性影响不大。另外断面超高峰往往滞后于进出站超高峰，极端情况不应叠加，区间断面客流高峰与车站进出站集散客流高峰不会同时出现，一般客流预测报告只提供车站进出站集散客流（Q_2）的高峰系数，未提供区间断面客流（Q_1）高峰系数。因此，《省火标》计算时根据实际工况，只考虑 Q_2 的高峰系数，Q_1 不考虑高峰系数。

2）在《地铁设计防火标准》GB 51298—2018 第 5.1.2 条疏散计算公式中，考虑到火灾时通过能力有所下降，因此在计算楼扶梯的通过能力时整体乘以 0.9 折减系数；同时针对扶梯参与疏散的数量，《地铁设计防火标准》GB 51298—2018 还考虑疏散方向梯有可能处于检修状态的特殊情况，提出了 $N-1$ 的计算原则。一般站台扶梯为成组多点布置，这种特殊情况完全可以通过运营管理手段，在疏散方向扶梯进行检修时，及时把一台非疏散方向的扶梯调整为疏散方向，从而保证用作疏散的扶梯数量不变，而且疏散方向的扶梯一般为上行方向，在实际车站管理中，当扶梯发生故障时也会优先保障上行方向的通行能力不变，将非故障扶梯调整至上行方向，与消防保障措施的原则相一致。故《省火标》规定在疏散计算时，疏散方向梯数量可不进行减少。

实施性

1）运营管理上应配合当疏散方向扶梯发生故障时，及时把非疏散方向的扶梯调整为疏散方向，从而保证用作疏散的扶梯数量，并确保扶梯调整后仍应能满足车站功能需要。

2）不考虑扶梯火灾时反转运行，保证扶梯上乘客的安全。

3）该调整在保证车站功能及安全疏散水平不变的前提下，可有效控制车站的规模，降低工程成本，有利于地铁建设的可持续发展。

5.3.1 地下车站设备管理用房区域有人值守的防火分区应至少有 1 个安全出口直通地面，站内楼梯间可通过内部疏散走道连接到安全出口，并应符合下列规定：

1 车站设备管理用房区开向紧急疏散通道的安全出口应采用甲级防火门。紧急疏散通道内不得设置非消防功能设施，地面楼梯间应设置自然通风设施。

2 站内楼梯间为 2 层（含 2 层）时应为封闭楼梯间，3 层及以上时应为防烟楼梯间。

3 多层的站内楼梯间在各层的平面位置不应改变，确有困难时应按扩大楼梯间处理。

5.3.2 地下车站应设置消防专用通道，由地面至地下的用于灭火救援的专用通道与内部可达各层的楼梯间共同组成。消防专用通道可与紧急疏散通道、内部疏散走道、楼梯间（含扩大楼梯间）、下轨楼梯等合设；在不影响站厅疏散宽度的前提下也可与乘客出入口合用。

差异性

以上两条文是在《地铁设计防火标准》GB 51298—2018 第 2.0.5、5.2.8 条的基础上，补充明确地下车站设备管理有人区域安全疏散、灭火救援的设计要求。

1）明确站内楼梯间与安全出口（开向紧急疏散通道的甲级防火门）之间的连接方式。当设备管理有人防火分区集中设置在站厅层时，站内楼梯间可通过内部疏散走道连接安全出口；当有人值守房间设置在不同楼层，上层有人区域的站内楼梯与出地面安全出口之间应通过封闭走道连接。

2）明确紧急疏散通道安全出口楼梯间（站外楼梯间）应设置自然通风设施，当不能满足自然通风条件时，应设置机械加压送风系统。

3）明确安全出口的附属通道（紧急疏散通道）疏散距离不做限制。

4）明确站内楼梯间保持疏散连续性的要求及做法，多层的站内楼梯间在各层的平面位置不应改变，确有困难时应按扩大楼梯间处理。

5）明确紧急疏散通道、内部疏散走道、楼梯间（含扩大楼梯间）、下轨楼梯，既作为站内有人区向外疏散的通道及安全出口，也作为救援人员从地面进入车站到各层进行灭火救援的专用通道及安全出口，两者可共用。

6）明确设备区安全出口出地面部分可与乘客出入口合并设置。

合理性

1）站厅层设备管理有人防火分区一般通过车站主体之外的紧急疏散通道连接通向地面的楼梯间（即站外楼梯间），通过主体内楼梯间（即站内楼梯间）联系各层。

（1）当有人防火分区集中设置在站厅层设备区时，该分区的疏散安全出口为开向紧急疏散通道的甲级防火门，疏散时不需经过站内楼梯间，那么站内楼梯间可通过内部疏散走道连接安全出口。如图 2.4-1、图 2.4-2 所示。

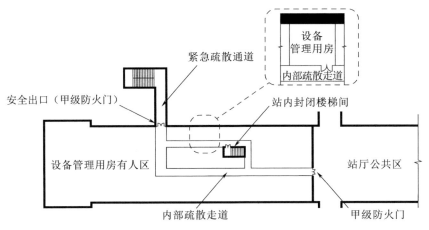

图 2.4-1 地下两层车站设备管理有人区安全出口要求示意图

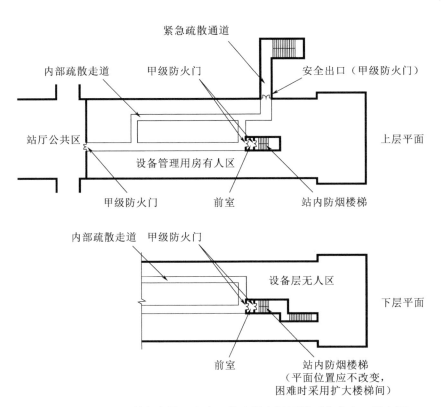

图 2.4-2 三层及以上车站，有人区集中设在站厅层时安全出口示意图

（2）如果有人值守房间设置在不同楼层，按《地铁设计防火标准》GB 51298—2018 第 5.2.1 条的规定，每个有人防火分区应至少有 1 个安全出口直通地面，那么不同楼层的有人防火分区均应分别设置至少 1 个安全出口直通地面。当上层有人区域的站内楼梯与安全出口之间通过封闭走道连接时，人员疏散路线保持连续的原则下，站内楼梯间的下层前室可当作该防火分区的安全出口，不同层有人区域最终共用上层直通地面的安全出口。上层封闭走道不应开

设门窗洞口，确因功能需要连通时，需通过前室连接。本作法类似于地上的高层民用建筑，即通过直达安全区的竖向贯通的防烟楼梯间作为各层的安全出口。但若同层设备区有多个有人防火分区时，均应分别设置至少1个直通地面的安全出口，不应共用。如图2.4-3所示。

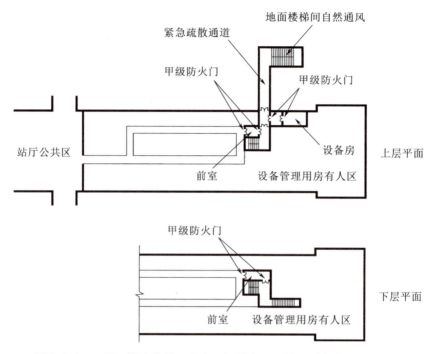

图2.4-3 三层及以上车站，有人区设置在不同楼层时安全出口示意图

2）《地铁设计防火标准》GB 51298—2018第5.2.6条中，通道疏散距离不应大于50m的要求是指乘客出入口通道，不含设备区安全出口后的附属通道。设备区紧急疏散通道与车站设备管理用房采用甲级防火门分隔，通道一般位于车站主体之外，通道内部及相邻区域均不存在火灾隐患，且通道尽端直出地面的楼梯间按相关要求设置防烟设施，因此，该通道与主体连接处的甲级防火门即为设备区的安全出口，甲级防火门外的紧急疏散通道与站外楼梯间为设备区的安全区。当该通道受设计边界条件限制需要穿越大型市政道路时，在保证疏散安全的前提下对通道的长度可不作限制，但建议不宜大于300m。

3）根据《建筑防火通用规范》GB 55037—2022第7.1.10条的规定，当直出地面安全出口楼梯间提升高度不大于10m或连接楼层数不大于2层时，应为封闭楼梯间，应按《建筑防烟排烟系统技术标准》GB 51251—2017第3.1.6条的要求设置自然通风设施；当楼梯提升高度大于10m或连接楼层数不小于3层时，应为防烟楼梯间，应按《建筑防烟排烟系统技术标准》GB 50251—

2017 相关要求设置防烟设施，当设置机械加压送风系统时，且满足《建筑防火通用规范》GB 55037—2022 第 2.2.4 条的要求。鉴于地下车站站内楼梯间与站外楼梯间在使用功能与安全性的差异，以上两标准对楼梯间的设置要求，站内楼梯间应执行，站外楼梯间宜执行。

4）根据《建筑防火通用规范》GB 55037—2022 第 7.1.9 条的规定，疏散楼梯（间）在各层的平面位置不应改变或应能使人员的疏散路线保持连续。由于地铁设备管理用房区域空间狭长，专业设备用房布置次序较严格，对于多层、深埋车站，站内楼梯间连接 3 层及以上楼层的，为避让专业用房可能会导致站内楼梯间上下层之间存在错位的现象，此时应按扩大楼梯间处理，并保证防烟措施的有效性，保证人员的疏散路线保持连续。

5）依据《地铁设计防火标准》GB 51298—2018 第 2.0.5 条对消防专用通道的组成进行了解释，消防专用通道由"进行灭火救援的专用通道和楼梯间"两部分组成，同时，第 5.2.8 条要求"地下车站应设置消防专用通道"，"当地下车站超过 3 层（含 3 层）时"消防专用通道（其中的楼梯间部分）应设置为防烟楼梯间。故本条规定了消防专用通道由"地下至地面的用于灭火救援的专用通道与内部可达各层的楼梯间共同组成"，且组成消防专用通道的"通道"与"楼梯间"利用内部疏散走道联系，满足消防人员迅速进入车站各层和地下区间进行灭火救援之要求。另外，《地铁设计防火标准》GB 51298—2018 第 5.2.8 条的条文说明，明确火灾时车站工作人员应驻守岗位辅助救援，那么其疏散与救援人员进入不会发生交叉，故专用通道及安全出口兼做救援及疏散，两者可共用。

6）设备区安全出口出地面部分可与乘客出入口合并设置，但确保楼梯宽度不占用乘客疏散宽度，并应采用分隔措施。出入口合并设置可规整地面附属建筑，优化地面附属景观。如图 2.4-4 所示。

实施性

1）地下车站设备管理用房区域有人值守的防火分区应至少有一个安全出口直通地面，若同层设备区有多个有人防火分区，均要分别设置直通地面的安全出口，原则上不应共用。困难情况下需共用出口时，应分别设置前室，前室门应为甲级防火门。

2）紧急疏散通道应直接连接上地面的楼梯间，通道内不得设置非消防功能设施，也不应连接非轨道交通功能楼层；若设置消防泵房等消防功能设施，需通过通道或前室连接。

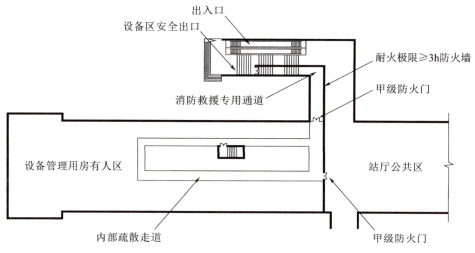

图 2.4-4　消防专用通道与乘客出入口合并设置的平面图

3）按照《建筑防火通用规范》GB 55037—2022 第 7.1.10 条的要求，当埋深不大于 10m 或层数不大于 2 层时，应为封闭楼梯间，当埋深大于 10m 或层数不小于 3 层时，应为防烟楼梯间。

4）设备管理用房的门不应直接开向封闭楼梯间或防烟楼梯间，均应通过走道或前室连接。

5）对于地下三层车站（负一层为物业开发层，负二层为站厅层，负三层为站台层），该车站虽然为地下三层，但车站功能只是两层。对于站内楼梯间，只连接站台层、站厅层两层，当楼梯间竖向提升高度不大于 10m 时，应为封闭楼梯间，当大于 10m 时，应为防烟楼梯间；当站内楼梯间直出地面作为设备区安全出口时，该楼梯间连接站台层、站厅层及地面层三层，那么该站内楼梯间应设置为防烟楼梯间。如图 2.4-5 所示。

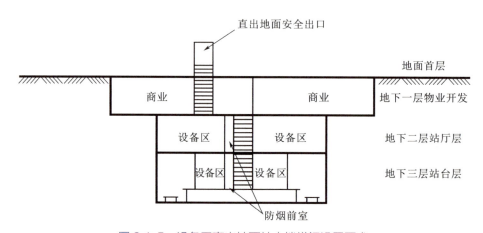

图 2.4-5　设备区直出地面站内楼梯间设置要求

> 5.3.6 对于设置多层站厅的地下车站，应符合下列规定：
>
> 1 其中的 1 层站厅直出地面的出入口数量每线不应少于 2 个，其他层站厅宜设置直出地面出入口。
>
> 2 当设置直出地面出入口困难时，可采取以下任一种方式通过上层站厅疏散，并满足相关要求：
>
> 1）设置紧急疏散通道连接到上层站厅的出入口通道，站厅开向紧急疏散通道的安全出口应设置甲级防火门；
>
> 2）通过上层站厅疏散，并保证站厅任一点到达上层站厅安全出口的行走距离不应大于 50m。

差异性

由于多线换乘、深埋等车站，时常采用多层站厅或转换站厅层的做法，地铁现行相关规范缺少对多层站厅的疏散要求，故本条文给予补充明确。

合理性

对于地铁站厅公共区，按照《地铁设计防火标准》GB 51298—2018 第 4.4.2 条，无论是单层还是多层站厅，均可视为公共区同一个防火分区，在疏散行走路径满足不大于 50m 疏散距离要求的前提下，乘客可在下层站厅进入出入口通道，也可先到上层站厅再进出入口通道。

实施性

1）条文中的多层站厅是相对一般的单层站厅而言，含 2 层及以上层数站厅。

2）对于多层站厅，优先考虑每层站厅独立疏散，每层站厅各自设置直出地面安全出口，满足疏散距离及安全出口个数的要求；当有困难时，下层站厅也可通过上层站厅疏散，但满足两层的行走总路径不应大于 50m。

3）当车站设有多层站厅时，应选择至少 1 层作为主要站厅，其他层作为通过厅、转换厅等功能。当所有层均可设置直出地面出口独立疏散时，主要站厅可为任一层，不一定为最上层；但如果存在某层无法设置直出地面出入口时，则只能通过上层疏散，此时上层必需设有安全出口。

4）主站厅必须独立疏散。当主站厅为换乘线路共用时，该层站厅直出地面的出入口数量每线不应少于 2 个;当换乘线路站厅各自独立设置并设置防火分隔时,各站厅出入口设置应满足本线的要求。

5)本规定中的出入口包括直出地面的出入口通道或紧急疏散通道,其中紧急疏散通道可直出地面,也可采用本条文第 2 款第①点的作法:设置紧急疏散通道连接到上层站厅的出入口通道,站厅开向紧急疏散通道的安全出口应设置甲级防火门。如图 2.4-6、图 2.4-7 所示。

6)乘客撤离站台到达站厅 C 类疏散安全区的 6min 疏散计算中,必须是满足独立疏散的站厅才能作为 C 类疏散安全区。

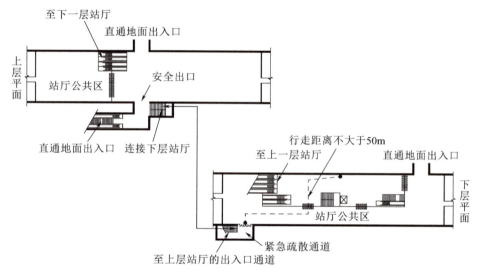

图 2.4-6 多层站厅疏散示意图(上、下层站厅分别独立疏散)

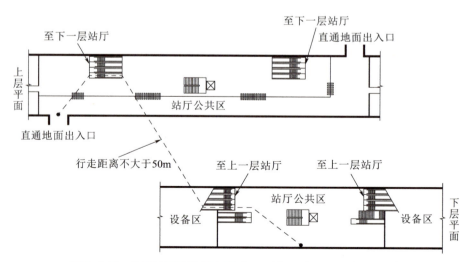

图 2.4-7 多层站厅疏散示意图(下层站厅利用上层站厅疏散)

> 5.3.8 当车站中间转换层满足下列要求时可作为通道处理：
>
> 1 站台至站厅或其他安全区需经中间转换层时，在保证 6min 内全部乘客由站台疏散至站厅或其他安全区，且中间层与站间保证 1.5m/s 向下风速时，中间层可按通道处理，其面积不纳入公共区防火分区及站厅公共区面积，不考虑发生火灾。
>
> 2 直通地面出入口通道需设置中间过渡平台时，当平台面积不大于 500m² 可按通道处理。当通道总长度超过 60m 时应设排烟措施；超过 100m 时应增设安全出口。
>
> 3 以上中间层作为通道处理时，应采取以下措施：
> 1）平台及相连通道仅供人员通行，不应设置含商铺在内等非地铁功能设施；
> 2）周边不同防火分区的设备管理用房的门不应直接开向平台及相连通道。

差异性

对于提升高度较大的非标准车站设计，站台至站厅、站厅至地面需经中间转换空间时，可定义为站厅，也可定义为通道，现有规范并未做明确，本条文提出转换空间按需求、规模来定义其用途，然后按定义的用途来执行相应的防火设计要求，并规定了当定义为通道时需满足的防火设计要求。

合理性

站台至站厅转换空间按需求定义其用途，与转换空间的规模无关，但定义为通道时其规模需受疏散时间的制约；站厅至地面出入口通道的转换空间，由于站厅疏散没有时间的要求，所以定义为通道时需对规模有约束。考虑当站厅火灾时，出入口通道需作为 C 类安全区，当转换空间规模不大时乘客通过不滞留，火灾危险性小，因此参考《建筑设计防火规范》（2018 年版）GB 50016—2014 第 5.5.5 条，提出了转换空间规模不大于 500m² 时可按通道处理，作为通道的一部分，当规模大于 500m² 时应按站厅处理，需满足独立疏散等要求。如图 2.4-8 所示。

实施性

1）当转换空间定义为站厅时，乘客可能会滞留该空间，需考虑该空间发生火灾的情况，当定义为通道时，仅供人员通行，可不考虑在该空间发生火灾的工况。

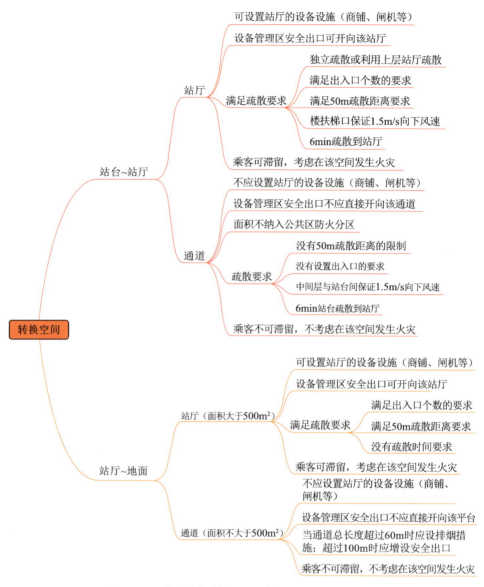

图 2.4-8 车站中间转换层用途与防火设计要求示意

2）当中间转换空间定义为站厅时：

（1）可设置站厅的设备设施（商铺、闸机等）；

（2）设备管理区安全出口可开向该站厅；

（3）安全疏散应满足《省火标》第 5.3.7 条的要求：

①独立疏散或利用上层站厅疏散；

②满足出入口个数的要求；

③满足 50m 疏散距离要求；

④站台到站厅参与疏散的楼扶梯口保证 1.5m/s 向下风速；

⑤保证 6min 内全部乘客由站台疏散至站厅疏散安全区或其他安全区域。

3）站台至站厅或其他安全区需经中间转换层，当中间转换空间定义为通道时：

（1）不应设置站厅的设备设施（商铺、闸机等）；

（2）设备管理区安全出口不应直接开向该通道；

（3）其面积不纳入公共区防火分区及站厅公共区面积；

（4）没有 50m 疏散距离的限制；

（5）有疏散时间的要求，中间层与站台间的连通处保证 1.5m/s 向下风速，保证 6min 内全部乘客由站台疏散至站厅疏散安全区或其他安全区域。

4）直通地面出入口通道需设置中间过渡平台，当平台面积不大于 500m² 时，平台定义为通道：

（1）不应设置站厅的设备设施（商铺、闸机等）；

（2）设备管理区安全出口不应直接开向该平台；

（3）当通道总长度超过 60m 时应设排烟措施；超过 100m 时应增设安全出口。

5）直通地面出入口通道需设置中间过渡平台，当平台面积大于 500m² 时，应按站厅处理，还应考虑设置除出入口之外的安全疏散口。

5.3.9 当车站出入口通道与其他非地铁功能设施连通时，应符合下列规定：

1 当连通市政通道时，不做防火分隔，市政通道出口不计入车站出入口。

2 当连通停车场等非人员密集场所时，连通宽度不应大于 8m，设置 2 道防火卷帘。

3 当连通商业等人员密集场所时，连通宽度不应大于 8m，设置 2 道间距不小于 6m 的防火卷帘。

4 防火卷帘耐火极限不低于 3.00h，两道卷帘分别由地铁及其他功能场所控制。

差异性

《地铁设计防火标准》GB 51298—2018 第 4.1.6 条明确了站厅与同层其他非地铁功能设施连通时的防火设计要求，《省火标》第 4.3.3 条补充明确 3 条以内连接通道并列布置的要求。对于车站出入口通道与其他非地铁功能设施连通的情况《地铁设计防火标准》GB 51298—2018 并未有明确，本条文做补充，明确按连接空间的功能差异采用相应的连接方式。

合理性

参照《地铁设计防火标准》GB 51298—2018 第 5.1.11 条，车站出入口通道与其他非地铁功能设施的连通，只提供平时使用的连通，当任何一侧发生火灾时应启动防火分隔措施，连通口不能作为相互间的安全出口，车站和非地铁功能场所的疏散设施需相互独立并满足各自的要求。连接空间的功能不同，火灾危险性有差异，连通口的连接方式可有所差异。

实施性

1）当连通市政通道时，可不做防火分隔，但应做管理上的隔断，市政通道出口不计入车站出入口。如图 2.4-9 所示。

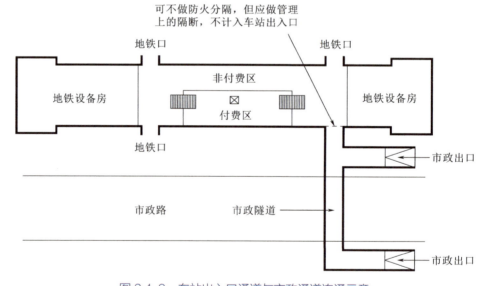

图 2.4-9　车站出入口通道与市政通道连通示意

2）当连通停车场等非人员密集场所时，连通宽度不应大于 8m，设置 2 道防火卷帘。如图 2.4-10 所示。

3）当连通商业等人员密集场所时，连通宽度不应大于 8m，设置 2 道间距不小于 6m 的防火卷帘。如图 5.3-11 所示。

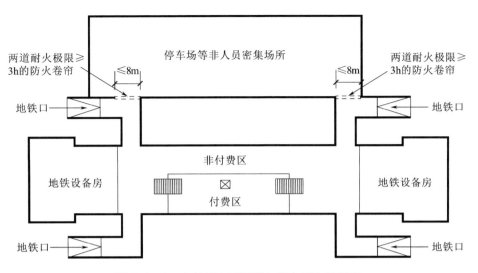

图 2.4-10 车站出入口通道与停车场连通示意

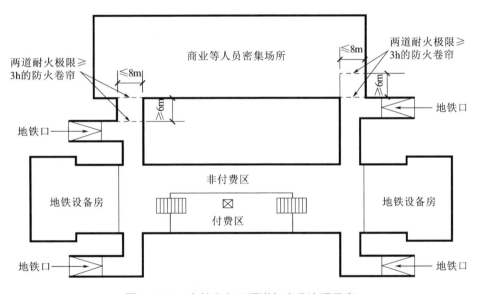

图 2.4-11 车站出入口通道与商业连通示意

5.3.10 当车站出入口与其他建筑合设时，应符合下列规定：

1 当其他建筑的首层为架空层时，距离顶板边缘净高 2.8 倍进深的区域可作为 A 类安全区；

2 当出入口与建筑一体化设置时，出入口通道与周边建筑应设置防火分隔措施，车站口部与合建建筑的门窗洞口距离应满足《建筑设计防火规范》GB 50016 的相关要求。

差异性

《地铁设计规范》GB 50157—2013 第 9.5.5 条提出车站地面出入口宜采用与地面建筑结合建设的方式，但目前规范并未明确当车站出入口与其他建筑的合设时的防火设计要求，本条文补充明确。

合理性

1）当其他建筑的首层为架空层时，架空层为四周开敞，按《省火标》2.0.10 条疏散安全区的定义，距离顶板边缘净高 2.8 倍进深的区域可作为 A 类安全区。

2）当车站出入口与建筑首层一体化设置时，因为分别处于不同的防火分区和功能区，出入口通道与结合建筑应用耐火极限不低于 3.00h 的防火墙分隔，车站口部与合建建筑的门窗洞口距离应满足《建筑设计防火规范》GB 50016 的相关要求。

实施性

1）当车站出入口结合其他建筑的首层架空层时，车站出入口通道长度计算与出入口形式相关。当出入口为敞口形式，这时候通道长度计算到敞口段内侧；当出入口位于建筑深处，建议增设防火隔断，保证隔断后的出入口口部距离顶板边缘的距离在 2.8h 的范围内，这时候通道长度应计算到出入口口部。如图 2.4-12、图 2.4-13 所示。

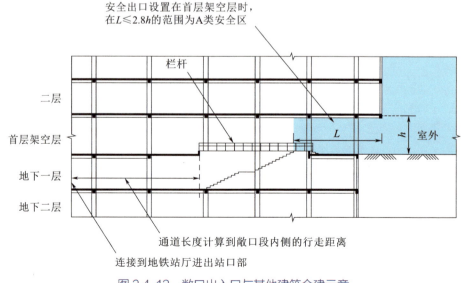

图 2.4-12　敞口出入口与其他建筑合建示意

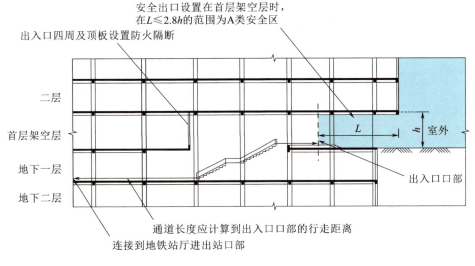

图 2.4-13 封闭出入口与其他建筑合建示意

2）当车站出入口与建筑首层一体化设置时，因为分别处于不同的防火分区和功能区，出入口通道与结合建筑应用耐火极限不低于 3.00h 的防火墙分隔，车站口部与合建建筑的门窗洞口距离应满足《建筑设计防火规范》（2018 年版）GB 50016—2014 第 6.1.3、6.1.4 条的要求，也参考《广东省建设工程消防设计审查疑难问题解析》（粤建市函〔2023〕138 号）第 2.1.2 条的解析，车站口部上方及两侧保护距离均不应小于 2m，出入口通道长度计算至口部见天处。如图 2.4-14、图 2.4-15 所示。

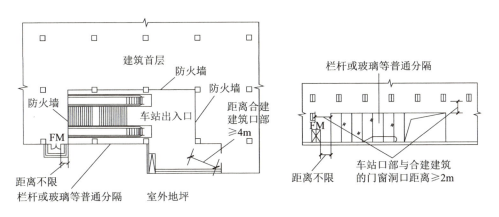

图 2.4-14 车站口部与合建建筑的门窗洞口关系示意（一）

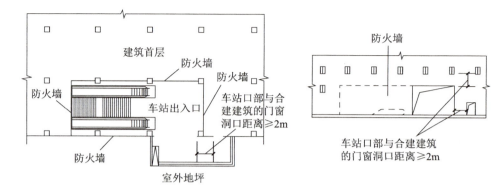

图 2.4-15 车站口部与合建建筑的门窗洞口关系示意（二）

3）当风亭与地块建筑结合时，因为分别处于不同的防火分区和功能区，风亭的井道与结合建筑应用耐火极限不低于 3.00h 的防火墙分隔。风口的位置满足进风口、排风口、活塞风口两两之间距离不小于 5m，排风口、活塞风口高于进风口。风口与合建建筑门窗洞口之间距离除满足环评要求外，应满足以下要求。如图 2.4-16～图 2.4-20 所示。

（1）新风洞口两侧保护距离均不应小于 2m；

（2）排风口以及活塞风口两侧保护距离均不应小于 5m，上、下保护距离均不应小于 10m，当风口口部上方设置宽度不小于 1m、每侧长于风口宽度 0.5m、耐火极限不低于 2.00h 的不燃材料作挑檐时，其上方保护距离可减少至 5m。

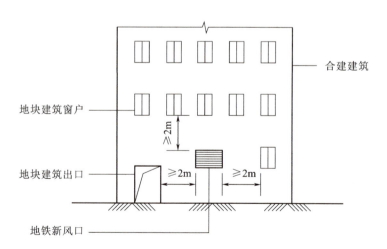

图 2.4-16 风亭与合建建筑防火分隔措施示意一

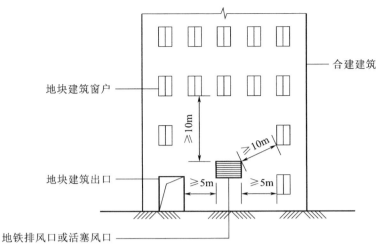

图 2.4-17　风亭与合建建筑防火分隔措施示意二

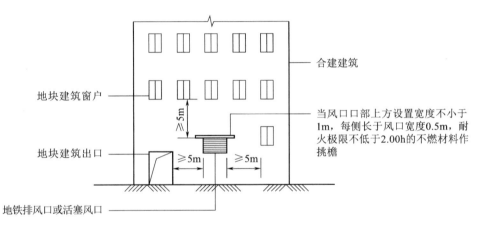

图 2.4-18　风亭与合建建筑防火分隔措施示意三

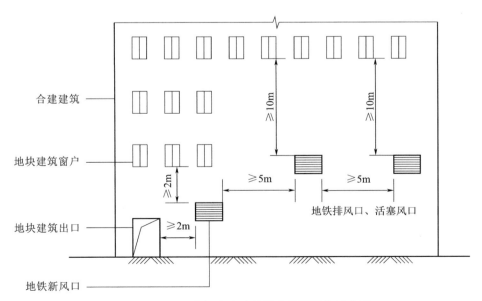

图 2.4-19　风亭与合建建筑防火分隔措施示意四

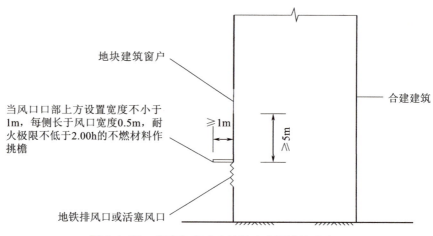

图 2.4-20 风亭与合建建筑防火分隔措施示意五

第二部分

应用案例

3 车站(东湖站)

3.1 工程介绍

3.1.1 工程概况

东湖站为广州市轨道交通十号线、十二号线与既有六号线(表3.1-1)三线换乘车站,车站位于广州市越秀区东湖路东侧,现状东山湖公园地块内,站位及周边环境详见图3.1-1~图3.1-4。

东湖站3线车站概况表　　　　　　表3.1-1

项目	既有六号线	十号线	十二号线
车站长/宽	81.9m/19m	257.09m/54.2m	
车站总建筑面积	7608.1m²	52054.29m²	
站台形式/长度/宽度	岛式/72m/10m	岛式/120m/16m	岛式/140m/15.8m
轨面标高	−18.96m	−9.88m	−30.53m
列车编组	4辆编组L型车	6辆编组B型车	6辆编组A型车
远期高峰小时开行对数	24	30	24
设计客流(人/h)	10036(人/h)	29613(人/h)	30475(人/h)

图3.1-1　东湖站地理位置

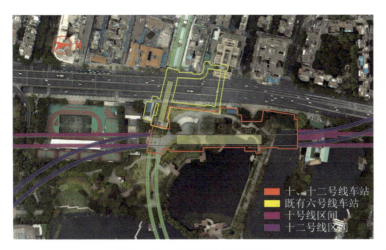

图 3.1-2 东湖站站位示意图

图 3.1-3 东山湖公园现状(一)

图 3.1-4 东山湖公园现状(二)

既有六号线车站总建筑面积7608.1m²，其中主体建筑面积5323.5m²，附属建筑面积2284.6m²，车站有效站台宽10m，总长72m。车站采用明暗挖结合工法，其中车站西端东湖路下站台部分为暗挖段，暗挖部分采用双洞中隔墙双联拱暗挖形式，暗挖段埋深28.2m，暗挖部分总长26.0m；其余部分为明挖段，总长为55.9m，共分4层，其中地下一层与地下三层为设备层，地下二层为站厅层，地下四层为站台层，公共区设有一组上下行扶梯、1部楼梯及1部电梯。见图3.1-5～图3.1-7。

既有车站已于2013年12月28日开通运营，其主要问题是整体规模较小，且并未预留远期新线的接入条件；车站空间较为局促，且竖向交通存在瓶颈是新建项目需要面对的两大主要矛盾。

图3.1-5 既有六号线东湖站剖面示意图

图 3.1-6　既有六号线东湖站站厅实景图

图 3.1-7　既有六号线东湖站站台实景图

对于四层埋深且东西向敷设的六号线，上方覆土无法满足新建两线叠线通过，受到十/十二号线交叉的线路条件控制，平行换乘方案也无法在线路标高上做平，且会造成对湖面的大范围占用，采用"一上一下"叠线穿越的方式就成为该工程实施的唯一解决方案。十/十二号线呈南北向叠线布置，十二号线在上，十号线在下，与东西向设站的六号线东湖站十字交叉，在其东侧形成地下5层的明挖结构车站，见图3.1-8。

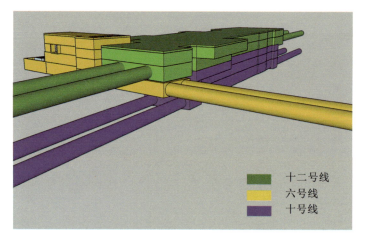

图 3.1-8 东湖站三线关系示意图

东湖站新建十号线、十二号线的建设开始于 2018 年 05 月，计划于近年开通。新建车站的地下一层为十二号线站厅层，地下二层为十二号线站台层，地下三层为十号线站厅层，地下四层为设备层，地下五层为十号线站台层。十二号线站厅、十号线站厅分别设置了换乘通道连接六号线的负二层、负三层。为了营造三线站厅换乘连通的视觉效果，提升共享空间品质，新建车站的地下一层至地下三层站厅之间设置了中庭，又因 6 号线轨面及各线前后区间控制点的影响，车站地下一层装修净高仅 4.0m，地下三层净高仅 3.8m，高宽比达 1:10，空间感极其压抑，设置中庭可以打破扁平化的空间，提升公共空间的品质。新建十、十二号线车站共设 2 个乘客出入口（不含六号线部分），2 个乘客安全疏散口，2 个设备区安全疏散口，出入口与主体的衔接位置均设置在两线站厅层。新建车站设计总长 257.09m，标准段宽 54.2m，总建筑面积 52054.29m^2，十号线中心里程处底板埋深约 40m。如图 3.1-9～图 3.1-15 所示。

图 3.1-9 东湖站总平面图

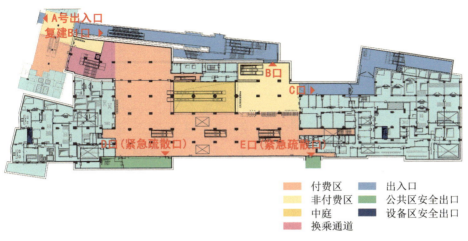

图 3.1-10　东湖站地下一层十二号线站厅层

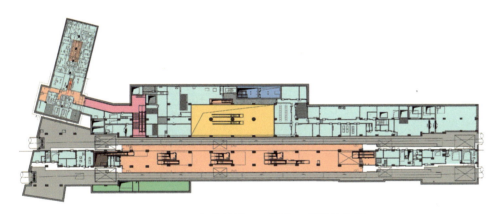

图 3.1-11　东湖站地下二层十二号线站台层

图 3.1-12　东湖站地下三层十号线站厅层

图 3.1-13　东湖站地下四层十、十二号线设备层

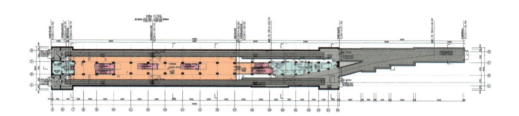

图 3.1-14　东湖站地下五层十号线站台层

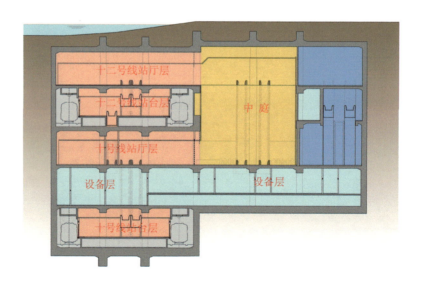

图 3.1-15　东湖站十、十二号线剖面示意

3.1.2 建筑消防设计

1. 防火分区

东湖站新建工程总建筑面积 52054.29m², 为地下五层车站, 其中地下一层十二号线站厅层分为 6 个防火分区, 地下二层十二号线站台层分为 6 个防火分区, 地下三层十号线站厅层分为 7 个防火分区, 地下四层设备层分为 7 个防火分区, 地下五层十号线站台层分为 3 个防火分区, 车站总计 26 个防火分区。如图 3.1–16～图 3.1–20 所示。

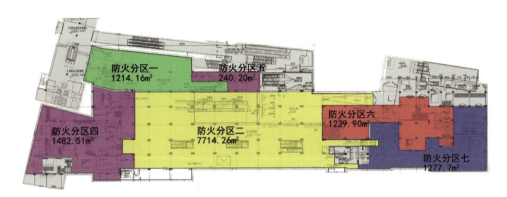

图 3.1–16 地下一层防火示意图

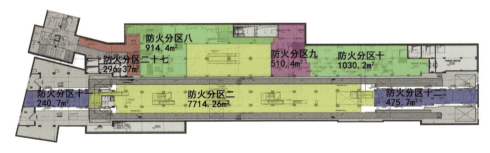

图 3.1–17 地下二层防火示意图

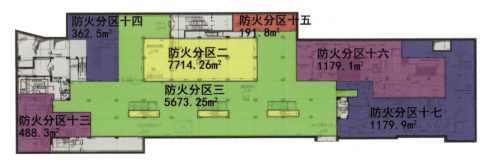

图 3.1–18 地下三层防火示意图

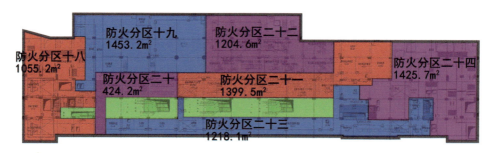

图 3.1-19 地下四层防火示意图

图 3.1-20 地下五层防火示意图

1）公共区防火分区

东湖站地下一层十二号线站厅层、地下二层十二号线站台层、地下三层十号线站厅层及地下五层十号线站台层为车站公共区部分，总建筑面积14601.67m²。车站公共区总计分为4个防火分区，其中地下一层站厅层换乘六号线换乘通道为第一防火分区，建筑面积1214.16m²；地下一层站厅层公共区、地下二层十二号线站台层公共区以及地下一层至地下三层中庭部分为第二防火分区，建筑面积7714.26m²（其中站厅层建筑面积5824.02m²）；地下三层十号线站厅公共区及地下五层十号线站台层公共区分为第三防火分区，建筑面积5673.25m²（其中十号线站厅层建筑面积3648.59m²），地下三层站厅层换乘六号线换乘通道为第二十七防火分区，防火分区之间均用防火墙及防火卷帘分隔，十号线与十二号线站台换乘扶梯均在扶梯下部设置防火墙及防火卷帘进行分隔，火灾情况下卷帘下落，出站扶梯与换乘扶梯之间预留了卷帘下落的空间。

2）设备区防火分区

地下一层两端设备区分为4个防火分区，地下二层十二号线站台层两端分为2个防火分区，地下二层外挂设备区分为3个防火分区，地下三层大里程端分为2个防火分区；小里程端分为3个防火分区，地下四层分为7个防火分区，地下五层十号线站台层两端防火分区分为2个防火分区，总计23个防火分区，每个防火分区均不大于1500m²。

2. 安全疏散

车站两端均布置有设备区疏散楼梯，公共区第二防火分区（十二号线站厅公共区和站台层）有 4 个直接对外的疏散口，分别为 B3、C、D、E 号出入口，其中 D、E 为紧急出入口，最长走行距离 48.42m。第二防火分区直接对外疏散口与第一防火分区一致，B3、C、D、E 号出入口为第一、第二防火分区共用，最长走行距离 46.57m。

3.2 消防设计重难点及消防设计对策

东湖站为多线换乘深埋车站，新建线路车站接入已运营车站，消防设计相对复杂，下面对标《省火标》具体条文，分析消防设计的重难点以及处理对策。

3.2.1 与既有线的衔接

重难点一 换乘通道的连接

六号线车站已在 2013 年 12 月投入运营，新建十、十二号线在负一层、负三层分别与六号线负二层、负三层进行通道换乘，三线连通后形成一个换乘车站（图 3.1-14）。

对策

新建的十、十二号线车站属于既有六号线车站的扩建工程，按照《省火标》第 3.2.1 条："既有轨道交通以及公共交通枢纽运营线路的延伸扩建工程，应按国家现行有关标准执行"。

1）既有六号线主体内改造，主要是拆除地下二层站厅层公共区北侧侧墙，调整修改为防火卷帘，未修改防火分区的分界线及既有的消防设计。在平时工况下，乘客可直接通往十及十二号线进行换乘，火灾工况下通过防火卷帘下落进行隔断，隔断后新旧区域完全分隔，不影响原公共区乘客的疏散方案和能力。如图 3.2-1 所示。

2）由于对既有线设备区改造，调整了原小系统机房，修改了防火分区的分界线，改变了既有的消防设计，因换乘通道是穿越设备区，接入现状公共区疏散楼梯，在平时工况下，乘客可通过该楼梯在平台处进入换乘通道，火灾工况下通过防火卷帘下落进行隔断，隔断后新旧区域完全分隔，不影响原公共区乘客的疏散方案和能力。如图 3.2-2 所示。

3）防火分隔：按照《省火标》第 4.3.5 条："换乘通道两端与车站的连

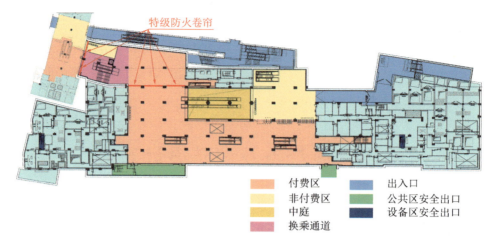

图 3.2-1 既有六号线负一层改造示意

图 3.2-2 既有六号线负三层改造示意

通处应设置耐火极限不低于3.00h防火卷帘，每副防火卷帘的宽度不应超过10m，幅数可不限。当一端车站发生火灾时，该端的防火卷帘关闭"，不改变既有车站原有消防设计。

4）资源共享，信息互通：新旧线的火灾信息互通，实现消防联动。

重难点二 出入口的共享

车站共设地下5层，车站在负一层、负三层分别设置站厅。疏散计算上除满足4min撤离站台疏散要求，同时需要满足6min到达站厅疏散安全区，以及需满足公共区计算长度内任一点到疏散口和疏散楼梯间或用于疏散的自动扶梯口的最大疏散距离不应大于50m的要求。

对策

1）根据《省火标》第2.1.10条"C类安全区：与着火区域之间设置防

火分隔设施，疏散过程中经过的、在消防系统有效时间内确保人员全部撤离着火区域"及附录 A.0.3 "站台发生火灾时，站厅（转换厅）为 C 类安全区"，因此，东湖站地下五层十号线站台火灾时，负三层站厅为 C 类安全区，6min 疏散计算到负三层站厅，在通过负三层站厅层 B、D、E 号出入口疏散至地面。

2）由于东湖站地处公园内，存在较为严重的单边客流，又因公园的运营管理与轨道交通存在时间差，在公园内仅能设置用于疏散的安全口，对于东侧不具备设置常规出入口的位置，设置紧急疏散通道直出地面，因此负三层站厅层与负一层站厅层共用 B、D、E 号出入口疏散。

如图 3.2-3～图 3.2-5 所示。

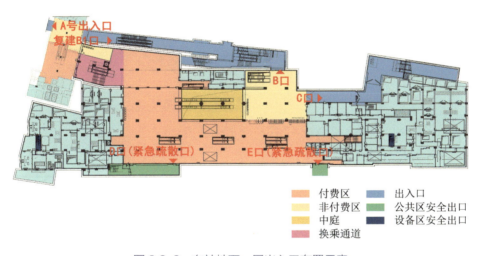

图 3.2-3　车站地下一层出入口布置示意

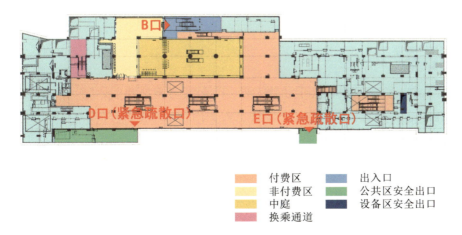

图 3.2-4　车站地下三层出入口布置示意

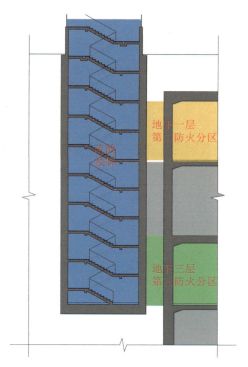

图 3.2-5　公用疏散楼梯剖面示意

3.2.2　大空间

重难点一　大面积站厅

东湖站地下一层十二号线站厅层、地下二层十二号线站台层、地下三层十号线站厅层及地下五层十号线站台层为车站公共区部分，总建筑面积 14601.67m²，其中负一层站厅层建筑面积 6366.04m²，地下三层站厅层建筑面积 4514.79m²。

对策

1）防火分隔：根据换乘功能设计，十号线三组扶梯最外侧一台作为负三层十号线站厅换乘至负二层十二号线站台之用，该设置可以让十号线站台提升至十号线站厅的乘客零距离转乘扶梯至十二号线站台，由于十二号线公共区与十号线公共区分属两个不同的防火分区，地下二层十二号线站台层公共区以及地下一层至地下三层中庭部分为第二防火分区，建筑面积 7714.26m²（其中站厅层建筑面积 5824.02m²）；地下三层十号线站厅公共区及地下五层十号线站台层公共区分为第三防火分区，建筑面积 5673.25m²（其中十号线站厅层建筑面积 3648.59m²），为了保障换乘功能，空间完整性，突破国标对于站厅面积不大于 5000m² 的要求，因此十号线与十二号线站台换乘扶梯均在扶梯下部设置防火墙及防火卷帘。为满足防火分区隔断需求，东湖站公共区总计设置了 24 副防火卷帘，其中每副卷帘均小于 10m，满足《省火标》第 4.3.5 条："每副防火卷帘的宽度不应超过 10m"的要求。

负三层十号线站厅防火分隔示意见图 3.2-6。

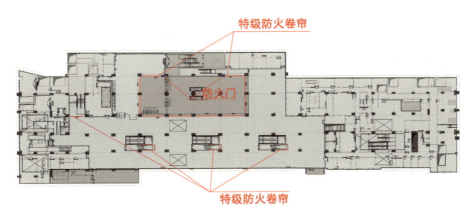

图 3.2-6　负三层十号线站厅防火分隔示意图

2）增加蓄烟能力：地下一层站厅层公共区、地下一层至地下三层中庭部分、地下二层十二号线站台层公共区合为第二防火分区，防火分区面积 7714.26m²（其中站厅层建筑面积 5824.02m²），为了保障换乘功能，空间完整性，突破国标对于站厅面积不大于 5000m² 的要求，以《省火标》第 4.3.2 条第 2 款作为解决对策："地下车站的站厅在满足以下要求的前提下可不做防火分隔：2 面积超过 5000m² 的站厅净高不宜小于 5.5m，面积超过 10000m² 的站厅净高不宜小于 6m，超过 15000m² 的站厅净高不宜小于 6.5m。"此处设计考虑站厅天花镂空率满足 50%，结构净高 5.6m，符合《省火标》净高 5.5m 之要求，根据其条件解释："4.3.2 站厅净高是指站厅地面装修完成面到顶板板底的高度，若为封闭的天花时，净高算至天花底面。"通过装修天花的考虑，利用结构净高增加蓄烟的能力，较好地解决了大空间下的防火分区面积的合规问题。

重难点二　站厅之间设置中庭

为了减少十号线及十二号线对既有六号线的冲击，利用线路之间的围合区域设置了乘客换乘空间，导致地下一层及地下三层总宽达41m，又因六号线轨面及各线前后区间控制点的影响，车站地下一层装修净高仅4.0m，地下三层净高仅3.8m，高宽比达1∶10，空间感极其压抑，设置中庭可以打破扁平化的空间，提升公共空间的品质。又因车站整体设置于东湖公园内，东侧主体均位于湖水之下，存在严重的单边客流的情况，设置中庭可以便捷联通十号线及十二号线站厅，同时与六号线站厅及站台的换乘通道联系，是极好的竖向交通空间。从建筑上契合线网"X"节点的功能，基于以上客观条件与设计意图。设置了34.3m（长）×20.2m（宽）×17.1m（高）的中庭空间。如图3.2-7～图3.2-9所示。

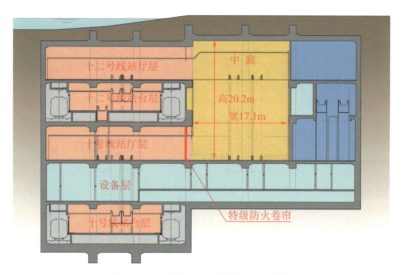

图3.2-7 站厅中庭横剖面示意图

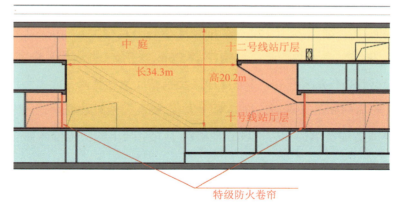

图3.2-8 站厅中庭纵剖面示意图

图 3.2-9 站厅中庭效果图

对策

1)加强疏散,各层站厅独立疏散:东湖站设置直出地面出入口在负一层、负三层站厅衔接,以满足独立疏散的要求。中庭处在靠近出入口位置设置防火门,在防火卷帘降下后,乘客仍可通过防火门直接到达出入口处,通过出入口疏散至地面安全区。

2)加强排烟:根据《省火标》第 7.0.1 条的要求"当站台层与站厅处之间设有除楼(扶)梯开孔以外的多处连通口时,宜单独划分防烟分区;洞口所在分区的排烟量按现行国家标准《建筑防烟排烟系统技术标准》GB 51251—2017 执行,并应保证其满足疏散要求",东湖站中庭为独立防烟分区,中庭面积:592m^2,计算排烟量 124320m^3/h,满足《建筑防烟排烟系统技术标准》GB 51251—2017 第 4.6.5 条关于中庭设置机械排烟系统时,计算排烟量的相关要求。

3.2.3 长距离疏散

重难点一 深埋车站

车站共设地下 5 层,车站在负一层、负三层分别设置站厅,地下五层十号线站台到地下三层站厅提升高度为 12.32m,到地下一层站厅提升高度为 25.9m。疏散计算上除满足 4min 撤离站台疏散要求,尚要满足 6min 到达站厅疏散安全区的要求。

对策

1)疏散安全区:根据《省火标》第 2.1.10 条 "C 类安全区:与着火区域之间设置防火分隔设施,疏散过程中经过的、在消防系统有效时间内确保人员全部撤离着火区域"及附录 A.0.3 "站台发生火灾时,站厅(转换厅)为 C 类安全区",因此,东湖站地下五层十号线站台火灾时,负三层站厅为 C 类安全区,6min 疏散计算到负三层站厅,在通过负三层站厅层 B3、D、E 号出入口疏散至地面,不需要由负五层先疏散到负一层站厅再出地面,对疏散有利。

2)疏散计算参数合理化:根据《省火标》第 5.1.2 条 "对于地下车站疏散,当火灾发生时,应保证疏散人员在 4min 内全部撤离站台,其中计算超高峰小时最大客流量时,一列进站列车载客人数(Q_1)不需要取高峰系数,疏散时的扶梯数量(N)应为疏散方向的扶梯,疏散时需减掉 1 台故障扶梯可考虑为非疏散方向的扶梯",一列进站列车载客人数(Q_1)不需要取高峰系数,计算疏散时的扶梯数量(N-1)故障扶梯可考虑为非疏散方向的扶梯。

如图 3.2-10~图 3.2-12 所示。

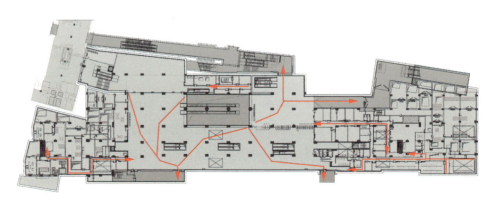

图 3.2-10 负一层消防疏散路径示意图

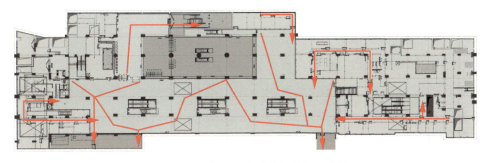

图 3.2-11 负三层消防疏散路径示意图

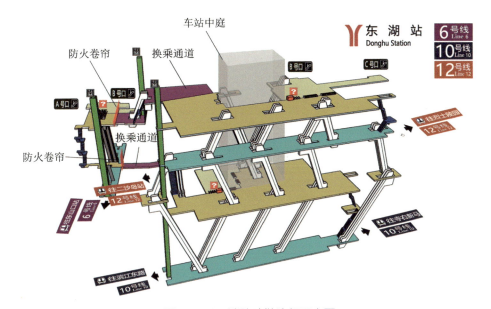

图 3.2-12 消防疏散路径示意图

重难点二 换乘通道疏散

十号线、十二号线与既有六号线通道换乘，分别在负一层站厅 5~11 轴交 F~G 轴处设置换乘通道，换乘通道宽 18.0m，与既有六号线负二层站厅层连接，与既有六号线站厅层间存在 3.0m 高差，设置有 2 部上行扶梯、1 部 5.3m 宽楼梯及 1 部垂直电梯；负二层外挂区 4~9 轴交 E~F 轴处设置换乘通道，换乘通道净宽 4.0m，与既有线负三层设备区中公共区疏散楼梯连接，两处换乘通道均不具备设置安全出口的条件。

对策

1）控制危险源：根据《省火标》第 4.3.5 条"1、换乘通道内不应布置商铺及其他非地铁功能设施"要求，换乘通道内不应布置商铺及其他非地铁功能设施，严格控制危险源。

2）控制疏散人数：根据《省火标》第4.3.5条"2、换乘通道仅作为正常情况下的客流通过，不应作为车站火灾的疏散通道"要求，换乘通道仅作为正常情况下的客流通行，不作为车站火灾的疏散通道，严格控制疏散人数。

3）防火分隔：根据《省火标》第4.3.5条"3、换乘通道两端与车站的连通处应设置耐火极限不低于3.0h防火卷帘，每副防火卷帘的宽度不应超过10m，幅数可不限。当一端车站发生火灾时，该端的防火卷帘关闭"要求，换乘通道两端与车站的连接处设耐火极限不低于3.0h的防火卷帘分隔，当一端车站发生火灾时，该端的防火卷帘关闭，通道乘客向非火灾侧撤离，距离可不限。

如图3.2-13、图3.2-14所示。

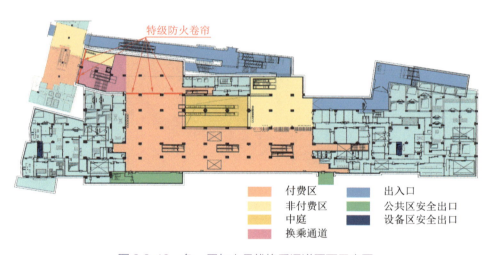

图3.2-13 负一层与六号线换乘通道平面示意图

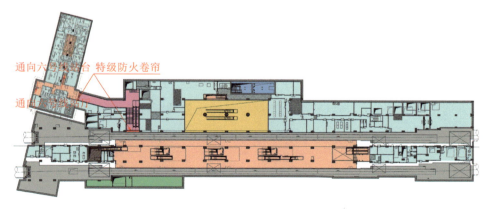

图3.2-14 负三层与六号线换乘通道平面示意图

3.2.4 其他

重难点 商铺设置

新建东湖站为两线车站，且两站站厅分别位于负一层及负三层，商铺考虑设置在主要流线的非付费区附近，既方便乘客使用，又能最大的创造价值，还要能控制规模并满足相关规范要求。

对策

《地铁设计防火标准》GB 51298—2018 第 4.1.5 条第 1 款，"站台层、站厅付费区、站厅非付费区的乘客疏散区以及用于乘客疏散的通道内，严禁设置商铺和非地铁运营用房。"将商铺的设置位置规定在公共区的非付费区，因东湖站的特点，付费区的换乘空间压缩了非付费区的进出站空间，商铺选址较困难。

根据《省火标》第 4.3.1 条 "每个防火分隔区的商铺总面积不应大于 $100m^2$，或每 $5000m^2$ 范围内的商铺不应大于 $100m^2$；单间商铺的建筑面积不应大于 $30m^2$，单处商铺总面积不应大于 $100m^2$，两处商铺的净距不应小于 9m" 规定，东湖站负一层站厅与负三层站厅各自独立防火分区，每个防火分隔区的商铺总面积均按不大于 $100m^2$ 设置。

负一层设有两处便民设置，面积分别为 $28.68m^2$、$27.75m^2$，负一层便民设置总面积 $56.43m^2$，小于 $100m^2$ 的要求。如图 3.2-15 所示。

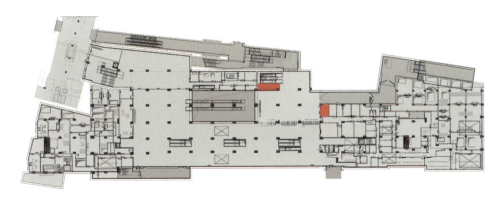

图 3.2-15 负一层商铺设置示意图

负三层设有两处便民设置，面积分别为 25.10m^2、24.77m^2，负一层便民设置总面积 49.87m^2，小于 100m^2 的要求。如图 3.2-16 所示。

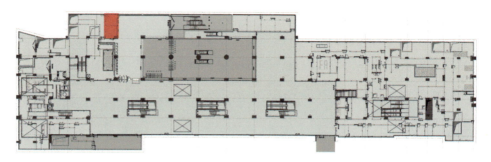

图 3.2-16　负三层商铺设置示意图

4 综合交通枢纽（白云站）

4.1 工程介绍

4.1.1 工程概况

广州白云（棠溪）站综合交通枢纽是广州市首个按现代综合交通枢纽规划建设理念打造的特大型枢纽工程，站址位于白云区南部既有京广铁路棠溪站北场处，新市街、棠景街和石井街交汇处，距广州站约 5km，距白云新城约 2 公里，见图 4.1-1。

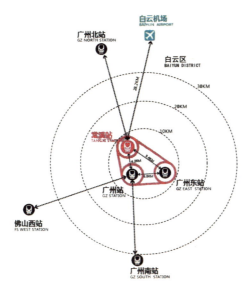

图 4.1-1 白云（棠溪）站选址

广州白云站是广州铁路枢纽"五主三辅"客运系统的主要客站之一，为办理普速、高铁、城际等各类客车的城市中心站。白云站设计年度为近期 2035 年，远期 2045 年，旅客最高聚集人数为 15000 人 /h，高峰小时客流量 15364 人，为特大型站。枢纽周边现状主要为绿地、村庄和居住小区，白云站的建设将铁路站场上盖开发、城市交通配套设施、站房周边城市开发融为一体，形成了具有 TOD 开发理念的综合交通枢纽工程，枢纽周边环境见图 4.1-2。

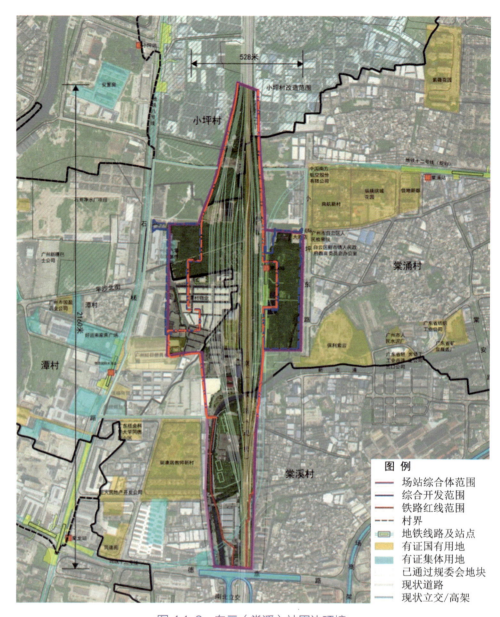

图 4.1-2 白云（棠溪）站周边环境

广州白云站综合交通枢纽铁路站房居中布置，铁路站房规模为 11 台 24 线。枢纽配套场站工程分东、西两部分，设置东广场及西广场，枢纽四个角分别设置公交枢纽、长途车场、旅游大巴、运营中心。铁路股道上方及场站配套工程上方均为上盖开发。枢纽在东西侧分别设置地面广场及下沉广场供乘客集散。枢纽总平面布局方案及站房实景图详见图 4.1-3～图 4.1-5。

白云（棠溪）站城市轨道交通工程为在建十二号线、在建八支线、在建芳白城际、规划佛山六号线、新线以及已运营八号线的六线换乘站，位于白云站站房工程及枢纽配套场站工程下方，与枢纽一体化规划、设计及实施。车站采用全明挖施工，在建的十二号线、八支线、芳白城际埋深为地下四层（负一层为场站配套空间），规划佛山六号线及新线埋深为地下三层（负一层为铁路出站厅）。车站负二层为站厅层，负三、负四层为各线路站台层及设备层。另新建换乘通道连通八号线石潭站。各线车站站台均为岛式站台，详见图4.1-3～图4.1-5。

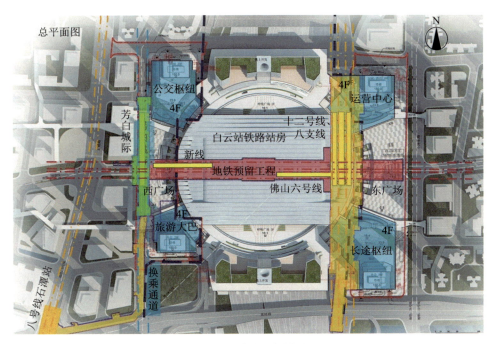

图4.1-3 白云（棠溪）站总平面图

图4.1-4 白云站下沉广场实景

图 4.1-5 白云站铁路站房实景

白云（棠溪）站城市轨道交通工程目前已开通运营芳白城际负一层及连通八号线的换乘通道，见实景图 4.1-6～图 4.1-8。既有八号线石潭站为地下两层岛式站台车站，地下一层为站厅层、地下二层为站台层。已于 2020 年开通运营。站厅未预留换乘接口。与白云（棠溪）站综合交通枢纽通过换乘通道连通。

图 4.1-6 白云站地铁站内实景

图 4.1-7　换乘通道实景照片

图 4.1-8　换乘通道实景照片

4.1.2　枢纽方案

白云（棠溪）站综合交通枢纽整体采用竖向布局模式，国铁在上、城轨在下，两者的空间相对独立又合理共享。其中高架层为国铁候车厅，地面层为铁路站台，地下一层为铁路出站大厅；地下二层为城市轨道交通站厅层，地下三层为城市轨道交通设备层，地下四层为城市轨道交通车站站台层，见图 4.1-9、图 4.1-10。

图 4.1-9 白云站枢纽剖切透视图

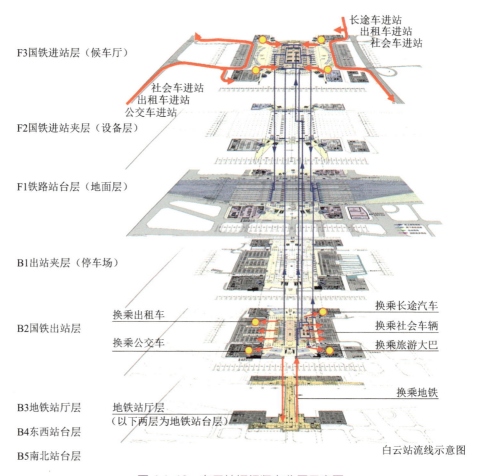

F3国铁进站层（候车厅）
F2国铁进站夹层（设备层）
F1铁路站台层（地面层）
B1出站夹层（停车场）
B2国铁出站层
B3地铁站厅层
B4东西站台层
B5南北站台层

图 4.1-10 白云站枢纽竖向分层示意图

国铁部分主要布局：

地下一层为出站层。出站层地面标高 –12.000m，包含国铁出站厅、城际进/出站厅、线下进站厅、光谷、社会车库、出租车蓄车场、换乘公共空间等功能，其中中央通廊建筑面积为 17056m^2，人行联系廊道建筑面积为 13020m^2，出站层站房建筑面积为 45102m^2。本层社会车库建筑面积为 58540m^2（其中设备用房建筑面积为 2880m^2），社会车停车位共 1049 个（其中充电桩车位 473 人）；出租车场建筑面积为 23291m^2，出租车蓄车位 219 个，上客位 18 个。市政一体化工程综合交通枢纽的公交车上客区、长途车候车厅、社会车场以及配套商业等通过下沉式广场与本工程各功能区连接。

地下一层夹层为出站层。出站夹层地面标高 –7.200m，包含社会车库、出租车场、出租车上客区、人行联系廊道等功能。

地面层为铁路站台层。站台地面标高为 ±0.000m，东西广场地面标高为 –2.700m。本层包含国铁东西侧式站房及站台区域。本层还设置有市政一体化工程公交车上客区、长途车上客区、旅游大巴上客区、综合交通枢纽的配套用房和配套商业。

铁路站台夹层为进站层。夹层地面标高 3.700m，包含国铁进站大厅、设备办公用房、旅服用房。本层还设置有市政一体化工程公交车蓄车场、长途车蓄车场和配套商业。

高架层为国铁候车厅。高架层地面标高 10.000m，包含国铁高架候车大厅、进站广厅、VIP 室、旅客服务用房、设备办公用房等功能。本层还设置有南北呼吸广场、社会车落客区、盖上开发架空区，以及市政一体化工程综合交通枢纽的公交车和长途车落客区及配套商业。南北呼吸广场为室外见天区域，高架候车大厅通过室外联系通道连通南北呼吸广场。

高架夹层为物业层。高架夹层地面标高 16.500m，包含高架商业夹层、慢行步道系统。本层还设置有商业盖上开发以及市政一体化工程综合交通枢纽的高层办公、酒店、公寓等。

城市轨道交通工程主要布局：

白云（棠溪）站地铁预留工程整体呈 H 形布局，东侧南北走向为十二号线、八支线，两线为三岛四线布局，中央站房下方为佛山六号线、新线，两线东西向穿越站房。西侧为南北向芳白城际。

地下一层，标高 –12.000m，为国铁白云站的出站层，中部为中央通廊，南北两侧为配套车库，东西两侧设置下沉广场和两条消防车道。

地下一层西侧为地铁功能区，北端为预留物业区域及部分车站附属建筑；南端与至八号线石潭站的换乘通道相接。

地下一层中部设置有 5 组通向地下二层（地铁站厅层）的地铁出入口。

地下一层平面详见图 4.1-11。

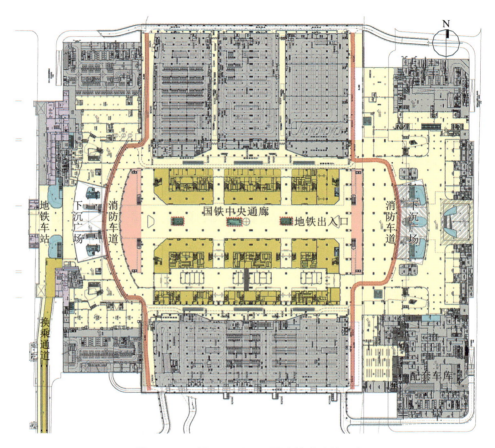

图 4.1-11　地下一层平面图（铁路出站厅）

地下二层，标高 -19.100m，为城轨站厅层，主要分为付费区、非付费区、设备区及预留用房区域。

站厅西侧芳白城际及新线付费区，中部为通向国铁中央通廊的非付费区，东侧为十二号线、八支线及佛山六号线的付费区，南北端部为配套车库及设备用房。

站厅最东端为下沉广场，设备用房。

地下二层平面详见图 4.1-12。

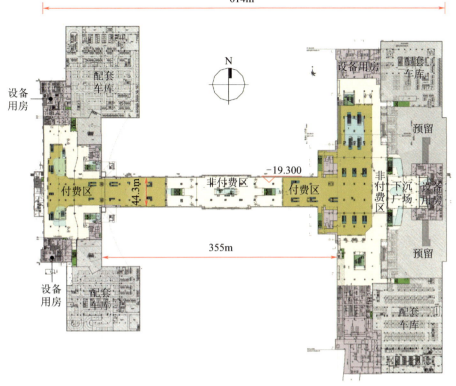

图 4.1-12 地铁二层平面图（地铁站厅层）

地下三层，标高 -24.650m，中部为新线和佛山六号线的站台层，中部站台区域设置有 2 个岛式站台。

岛式站台的东西两端分别设置有换乘通道，其中东部的换乘通道通向十二号线和八支线的站台层，西侧的换乘通道通向芳白城际站台层。

地下三层平面详见图 4.1-13。

地下四层，标高 -34.720m（东侧）、-33.200m（西侧）为芳白城际、十二号线、八支线站台层。

芳白城际站台层中部设置有 1 个岛式站台，南北两端为设备用房，东西两侧为轨行区，站台中部设置有换乘通道连通佛山六号线和新线站台。

十二号线和八支线站台层设置 3 个岛式站台，站台南北两端为设备用房，靠近站台南段设置有换乘平台通向新线和佛山六号线站台。

地下四层平面详见图 4.1-14。

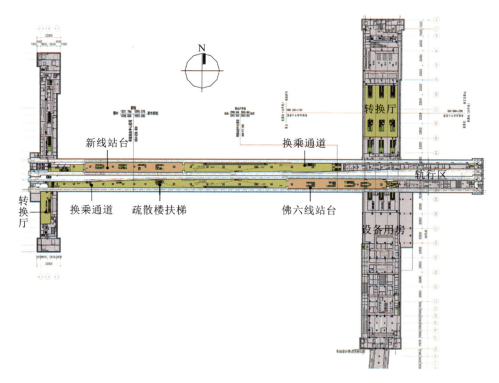

图 4.1-13 地下三层平面图（站台层、设备层）

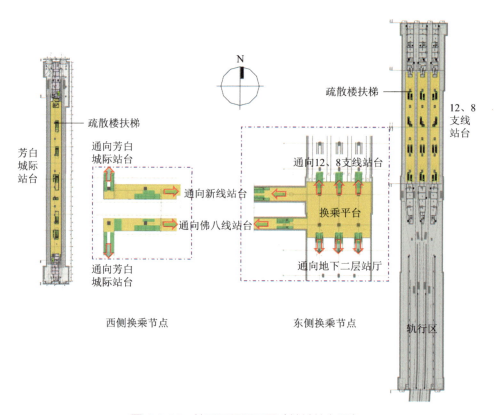

图 4.1-14 地下四层平面图（地铁站台层）

4.1.3 建筑消防设计

1. 枢纽整体防火分区及防火分隔

白云（棠溪）站枢纽站房工程、配套场站工程及城市轨道交通工程等各子项分区相互独立，以使用功能为原则划分界面，建筑分界面均采取防火分隔措施。除特殊消防设计定义的准安全区外，其余室内空间分界面及连通口均不作为任一方的疏散安全出口。

2. 城市轨道交通车站防火分区设置

车站按使用性质、面积大小划分防火分区。公共区为一个防火分区。本工程地下二层为城市轨道交通十二号线、八支线、佛山六号线、新线及芳白城际的共用站厅层，公共区空间互通，面积50218m^2。《根据地铁设计防火标准》GB 51298—2018，地铁站厅公共区的建筑面积不宜大于5000m^2，故需对公共区防火分区设置分隔区，拟考虑采用防火卷帘将站厅公共区空间划分为6个面积不大于10000m^2 分隔区域。设备区按需要根据面积划分防火分区。除公共区外，其他每个防火分区面积均不大于1500m^2，每个防火分区之间采用防火墙分隔，防火墙上的门均采用A类甲级隔热防火门，开启方向为疏散方向。

根据《地铁设计规范》GB 50157—2013 第28.2.2条"防火分区的划分"应符合下列规定：

1）地下车站站台和站厅公共区应划为一个防火分区，设备与管理用房区每个防火分区的最大允许使用面积不应大于1500m；全站共设53个防火分区，负二层站厅公共区部分共设置6个防火分隔区；芳白城际负一层公共区为单独防火分区；设备区共51个防火分区。防火分区见图4.1-15～图4.1-18及表4.1-1、表4.1-2。

（1）十二号线、八支线防火分区

①站厅层和站台层公共区，包括设备层公共区转换空间、换乘平台等为防火分区一，站厅公共区分为三个防火分隔区，分隔区一面积为7156.09m^2，设置4个安全出口；分隔区二面积6213.78m^2，设置4个安全出口，分隔区三面积9229.31m^2，设置5个安全出口。

②设备区防火分区：

十二号线、八支线共设置29个设备区防火分区，其中，站厅小里程端设备区设置5个防火分区。面积分别为1199.2m^2（有人区）、1252m^2（有人

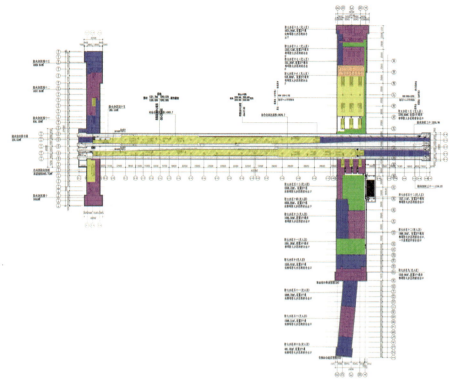

图 4.1-15　站厅防火分区示意图

图 4.1-16　东西向两线站台层、南北向线路设备层防火分区示意图

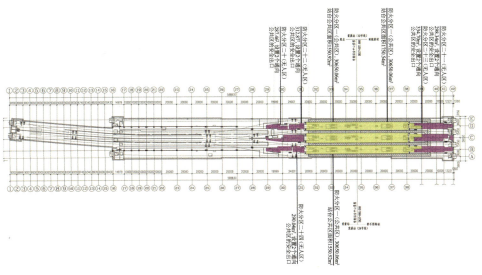

图 4.1-17 十二号线、八支线站台防火分区示意图

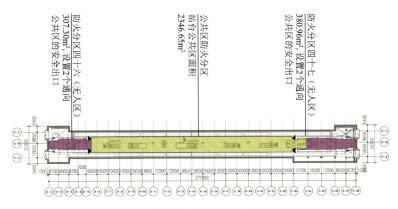

图 4.1-18 芳白城际站台层防火分区示意图

全站防火分区一览表　　　　　　　表 4.1-1

防火分区编号	所属区域	面积（m²）	安全出口设置
1	-2~-4 层公共区	—	19
2	-1 层公共区	4107.55	2
3	12、8 支设备区（有人）	1199.2	2（其中 1 个直出地面）
4	12、8 支设备区（有人）	1252	2（其中 1 个直出地面）
5	12、8 支设备区（无人）	1205.86	2
6	12、8 支设备区（无人）	1274.25	2
7	12、8 支设备区（无人）	1458.81	2
8	12、8 支设备区（无人）	1316.82	2（其中 1 个直出地面）

续表

防火分区编号	所属区域	面积（m²）	安全出口设置
9	12、8支设备区（无人）	1024.46	2
10	12、8支设备区（无人）	1340.86	2
11	12、8支设备区（无人）	1255.87	2
12	12、8支设备区（无人）	1391.28	2
13	12、8支设备区（无人）	1468.38	2（其中1个直出地面）
14	12、8支设备区（无人）	1486.49	2
15	12、8支设备区（无人）	1056.05	2
16	12、8支设备区（无人）	881.85	2
17	12、8支设备区（无人）	1306.51	2
18	12、8支设备区（无人）	1088.79	2
19	12、8支设备区（无人）	1127.11	2
20	12、8支设备区（无人）	1358.72	2
21	12、8支设备区（无人）	1254.40	2
22	12、8支设备区（无人）	918.68	2
23	12、8支设备区（无人）	533.20	2
24	12、8支设备区（无人）	1243.41	2
25	12、8支设备区（无人）	1474.94	2
26	12、8支设备区（无人）	287.46	2（其中1个直出地面）
27	12、8支设备区（无人）	298.34	2（其中1个直出地面）
28	12、8支设备区（无人）	312.87	2（其中1个直出地面）
29	12、8支设备区（无人）	334.70	2
30	12、8支设备区（无人）	290.04	2
31	12、8支设备区（无人）	295.23	2
32	佛6、新线设备区	901.69	2
33	佛6、新线设备区	341.91	2
34	佛6、新线设备区	357.44	2
35	佛6、新线设备区	509.3	2

续表

防火分区编号	所属区域	面积（m²）	安全出口设置
36	佛6、新线设备区	509.3	2
37	佛6、新线设备区	1498	2（其中1个直出地面）
38	佛6、新线设备区	1410.8	2（其中1个直出地面）
39	佛6、新线设备区	234.53	2
40	佛6、新线设备区	109.14	2
41	佛6、新线设备区	1355.96	2（其中1个直出地面）
42	佛6、新线设备区	1114.21	2（其中1个直出地面）
43	芳白设备区（无人）	500.16	2
44	芳白设备区（有人）	1393.88	2（其中1个直出地面）
45	芳白设备区（无人）	892.97	2
46	芳白设备区（有人）	1273.50	2（其中1个直出地面）
47	芳白设备区（无人）	664.38	2
48	芳白设备区（无人）	1445	2
49	芳白设备区（无人）	836.10	2
50	芳白设备区（有人）	1497.84	2（其中1个直出地面）
51	芳白设备区（无人）	1069.94	2
52	芳白设备区（无人）	307.30	2
53	芳白设备区（无人）	380.96	2

站厅公共区防火分隔区列表　　表 4.1-2

编号	面积（m²）
防火分隔区 1	7061
防火分隔区 2	6213
防火分隔区 3	9229
防火分隔区 4	9842
防火分隔区 5	9003
防火分隔区 6	8868

区）、1205.86m²（无人区）、1274.25m²（无人区）、1458.81m²（无人区）。站厅层大里程端设备区设置2个防火分区，面积分别为1316.82m²（无人区）、1024.46m²（无人区）。

设备层小里程端设备区设置11个防火分区。面积分别为1340.86m²（无人）、1255.87m²（无人）、1391.28m²（无人）、1468.38m²（无人）、1486.49m²（无人）、1056.05m²（无人）、881.85m²（无人）、1306.51m²（无人）、1088.79m²（无人）、1127.11m²（无人）、1358.72m²（无人）。设备层大里程端设备区设置5个防火分区，面积分别为1254.40m²（无人）、918.68m²（无人）、533.20m²（无人）、1243.41m²（无人）、1474.94m²（无人）。

站台层设备区，大、小里程端共6个防火分区，均为无人值守防火分区。防火分区面积分别为287.46m²、298.34m²、312.87m²、334.70m²、290.04m²、295.23m²。

（2）佛山六号线、新线车站防火分区

①全站站厅层和站台层公共区（不含轨行区）为防火分区一。其中佛山六号线、新线站厅公共区部分分为两个不大于10000m²的防火分隔区，站厅防火分隔区五面积9842.2m²，共设有4个直通铁路负一层安全区的出口；站厅防火分隔区四面积9003.69m²，共设有3个直通铁路负一层安全区的出口；

②设备区共设11个防火分区。站厅层佛山六号线、新线西端设1个防火分区，面积901.69m²，为无人区，通过防火门与公共区联通；负二层西广场下方设备房分南北2个防火分区，为无人区，设通向公共区的安全出口，面积分别为341.91m²、357.44m²。站厅层外挂风道区域设2个防火分区，面积分别为509.3m²、509.3m²；站厅东端头设2个防火分区，面积分别为1498m²、1410.8m²，为佛山六号线、新线设备区管理用房区，通过防火门与公共区联通。

佛山六号线、新线站台层（地下三层）新线小里程端设置2个防火分区，通过防火门与公共区联通。东侧佛山六号线、新线各设置一个防火分区，通过安全出口疏散至下沉广场。

（3）芳白城际

①芳白城际公共区部分为一个防火分区。站厅层防火分隔区六面积8868m²。设备区共设置11个防火分区。

②芳白城际负一层南北两端设备区设2个防火分区，为设备管理用房，其

中北端的防火分区设置直出地面的安全出口。南端的防火分区通过防火门疏散至相邻的公共区。

③芳白城际站厅层（负二层）北端设备区设置2个防火分区，为设备管理用房区，通过防火门与相邻防火分区联通，设置一个直出地面安全口；站厅层南端设1个防火分区，为芳白城际小里程端设备区，通过防火门与公共区联通。

④芳白城际设备层（负三层）北端设备用房设3个防火分区，为芳白城际设备区管理用房区。其中有人防火分区设置一处直通地面的安全出口，其余均通过防火门疏散至相邻分区。南端设备区设1个防火分区，设置两个安全出口至站厅层。

⑤芳白城际站台层（负四层）南、北端设备区设置2个防火分区，其中北端设备区防火分区设置直通地面安全出口，南端设备区通过防火门与相邻防火分区联通。

2）消防疏散

（1）公共区疏散。

站厅公共区和站台计算长度内任一点到疏散通道口和疏散楼梯口或用于疏散的自动扶梯口的最大疏散距离不应大于50m。

站台至站厅或其他安全区域的疏散楼梯、自动扶梯和疏散通道的通过能力，可保证在远期或客流控制期中超高峰小时最大客流量时，一列进站列车所载乘客及站台上的候车乘客能在4min内全部撤离站台，并能在6min内全部疏散至站厅公共区或其他安全区域。

（2）设备管理用房区疏散。

设备管理用房区房间的门，距离最近的安全出口不超过40m。位于尽端封闭通道两侧或尽端房间的门距离最近安全出口不超过22m。安全出口及楼梯净宽不小于1.2m，单向布置房间的疏散通道净宽不小于1.2m；双向布置房间的疏散通道净宽不小于1.5m，消防专用楼梯宽度不小于1.2m。

（3）出入口及安全出口设置。

地下二层地铁站厅公共区共设置19个安全出口。其中15个为车站出入口、4个为安全出口楼梯；地下一层公共区设1个出入口直通枢纽西下沉广场，另设1个安全出口直出地面；连接八号线石潭站的换乘通道设置4个直出地面的安全出口；有人值守设备管理用房区均设置直通室外的安全出口。

各层安全出口设置详图4.1-19～图4.1-22。

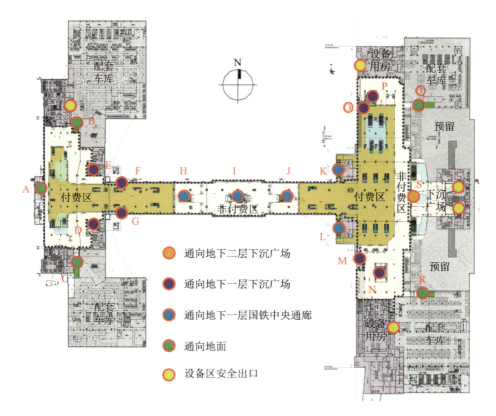

图 4.1-19 地下二层安全出口设置示意图

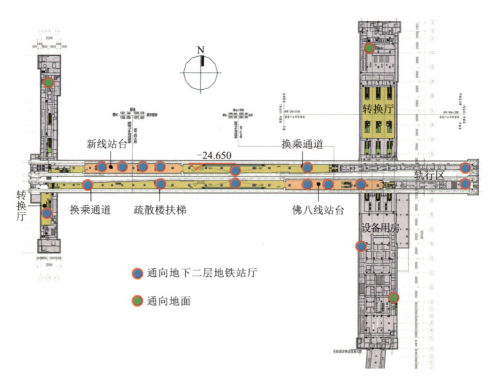

图 4.1-20 地下三层安全出口设置示意图

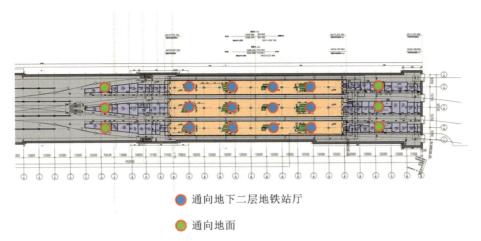

● 通向地下二层地铁站厅

● 通向地面

图 4.1-21　地下四层（12、8 支线）安全出口设置示意图

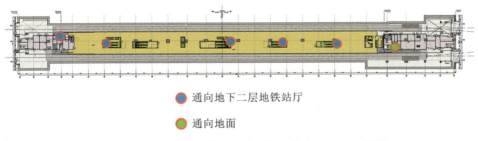

● 通向地下二层地铁站厅

● 通向地面

图 4.1-22　地下四层（芳白城际）安全出口设置示意图

4.2　消防设计重难点及消防设计对策

白云（棠溪）站综合交通枢纽依托"站城融合"的设计新理念，将地铁站主体设置于白云火车站下方（上下垂直布局），引入十二号线、八支线、芳白城际、佛山六号线、新线、八号线共六条地铁线，总建筑面积达到了 18.34 万 m^2，采用的是站城一体设计作为一种新型设计方法，构建了一种全新的交通建筑工艺形式，由于交通建筑功能流线及空间布局的连续性需求，传统的消防设计方案难以满足这种建筑新工艺形式下的功能需求，导致出现防火分区扩大，疏散（准）安全区认定等防火设计难点。

4.2.1　大空间消防设计

重难点　大站厅防火分隔、防火卷帘

1）根据《地铁设计防火标准》GB 51298—2018 第 4.2.1 条，《地铁设计

规范》GB 50157—2013 第 28.2.2 条，地铁站厅公共区的建筑面积不宜大于 5000m²。本工程地下二层站厅为地铁新线、佛山六号线、十二号线、芳白城际和八支线的共用站厅，空间互通，公共区总建筑面积为 50218m²。

2）根据《建筑设计防火规范》（2018 年版）GB 50016—2014 第 6.5.3 条，除中庭外用于防火分隔部位的卷帘长度不应大于 20m。在上述防火分隔方案下，站厅公共区防火分隔部位的卷帘长度分别为 138m、82m、53m、74m、74m，均无法满足上述规范的要求。

对策

本站地下二层共用站厅公共区的总面积约 50218m²，拟考虑采用防火卷帘将站厅公共空间划分为 6 个面积不大于 10000m² 分隔区域，见图 4.2-1。

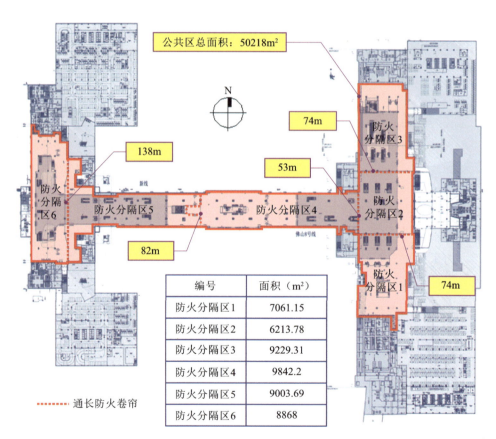

图 4.2-1 站厅防火分隔区示意图

防火分隔区域的设计要求如下：

1）在站厅公共区设置自动喷水灭火系统的条件下，每个防火分隔区域的面积不大于 10000m²。

2）加防火分隔区域之间的防火卷帘比例不限，火灾状态下防火卷帘应采用 2 步降控制方式。

3）每个防火分隔区域安全出口数量不少于 2 个，防火分隔区域内可利用设置的旁通门作为借用疏散出口，最远疏散距离不大于 50m。

4）不同防火分隔区域的消防联动控制设计同防火分区。

5）在站厅层采用防火墙+防火卷帘+甲级防火门对连通部位进行防火分隔（除楼扶梯入口处设置防火卷帘（采用 2 步降控制方式）、侧墙设置疏散旁门（甲级防火门）外，其余部位均为防火墙），见图 4.2-2。

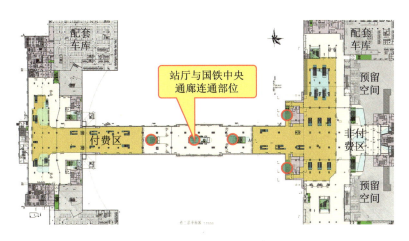

图 4.2-2　出入口与负一层（铁路出站厅）的分隔措施示意图

6）站厅公共区与非公共区之间采取防火墙和甲级防火门进行防火分隔，见图 4.2-3。

7）站厅公共区与集中布置的商业等非地铁功能区（预留物业开发）采取连接通道+双道 3.0h 防火卷帘进行防火分隔，见图 4.2-3。

8）站厅公共区内仅作为人员通行和集散功能，不得进行商业经营活动。

9）公共区内分散布置的无独立疏散条件的服务用房及设备机房（卫生间等火灾荷载较小的房间除外）按防火单元进行设计（2.0h 防火隔墙+1.5h 楼板+甲级防火门窗）。

10）无障碍电梯井围护结构采用耐火完整性不低于 1.0h 的固定防火构件。

11）通向地面的疏散楼扶梯、通向地下一层下沉广场的敞开楼扶梯以及通向地下一层中央通廊准安全区的敞开楼扶梯作为人员疏散的安全出口，见图 4.2-4。

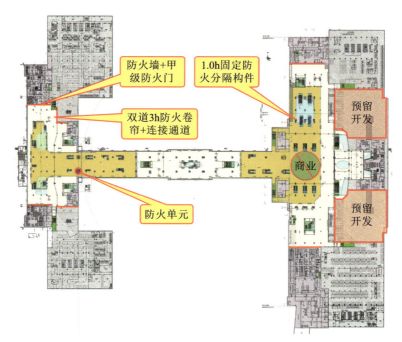

图 4.2-3　公共区与设备区等其他区域的分隔示意

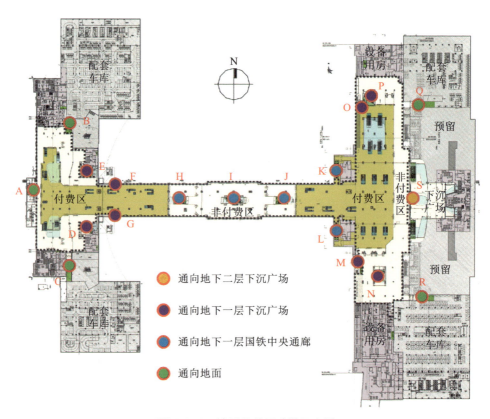

图 4.2-4　站厅公共区疏散示意图

12）站厅公共区任一点距疏散通道口和疏散楼扶梯口的最大疏散距离不应大于 50m。

13）站厅设计疏散宽度应满足 1m/百人的要求。

14）出入口通道的长度不应大于 100m。

15）在站厅公共区付费区与非付费区之间的栅栏上应设置平开疏散门。人员疏散路径上的闸机和控制门应能消防联动开启。

16）设备管理区、预留商业区规范进行人员疏散设计。

对照《省火标》："4.3.2 地下车站的站厅在满足以下要求的前提下可不做防火分隔：1.地下车站站厅疏散需满足以下要求：任一点到安全出口的最大疏散距离不应大于 50m，每线出入口不少于两个；2.面积超过 5000m² 的站厅净高不宜小于 5.5m，面积超过 10000m² 的站厅净高不宜小于 6m，超过 15000m² 的站厅净高不宜小于 6.5m。"

目前设计本站出入口数量、站厅疏散距离均满足《省火标》条款要求，已实施的车站板下净高为 6.400m，如按不小于 6.5m 的净高设计，则按《省火标》，可不设置站厅公共区的分隔区。

4.2.2 消防疏散

重难点一 站房负一层中央通廊疏散

根据《建筑设计防火规范》（2018 年版）GB 50016—2014 第 5.5.17 条"楼梯间应在首层直通室外，确有困难时，可在首层采用扩大的封闭楼梯间或防烟楼梯间前室。当层数不超过 4 层且未采用扩大的封闭楼梯间或防烟楼梯间前室时，可将直通室外的门设置在离楼梯间不大于 15m 处。"故楼梯间应在首层直通室外。

由于地铁站设置于白云站站房正下方，地下一层为国铁出站层，地下二层站厅公共区中部约 355m 范围内无法设置直通室外的疏散出入口。本工程拟考虑利用地下一层国铁中央通廊和下沉广场作为人员疏散的安全区，将通向上述区域的楼扶梯作为地铁站厅人员疏散的安全出口。

对策

依据《省火标》："附录 A A.0.1 条，A 类安全区主要包括以下区域：1 符合《建筑设计防火规范》（2018 年版）GB 50016—2014 规定的避难层、避难走道、室外地面、下沉式广场、天桥、连廊、平台及上人屋面;"。将地下一层下沉广场作为人员疏散的安全区，站厅层通向该区域的疏散楼扶梯作为人员疏散的安全出口。国铁出站厅设置中央通廊及南北两个人行联系通廊。将地下一层国铁中央通廊作为人员疏散的安全区，站厅层通向该区域的疏散楼扶梯作为人员疏散的安全出口。内部疏散条件设计及外部疏散条件设计需满足以下要求：

1. 外部疏散条件的设计要求

通过在本层建筑外围设置能够通行消防车的下沉式广场，并结合市政空间下沉式广场，以满足人员的水平疏散条件。

本层沿东、西两长边外围设置可供消防车通行的疏散救援通道，形成水平疏散救援条件。该消防车道净宽度和净空高度均不小于4m，除车辆出入口坡道外，其顶部开洞长度比例不应小于车道总长度的50%，开口应尽量均匀设置。沿东西两边消防车道分散布置短边宽度不小于13m的下沉式广场，下沉式广场应满足《建筑设计防火规范》GB 50016—2014（2018年版）第6.4.12条的防火设计要求。设置消防车道和下沉式广场的疏散救援通道作为人员疏散的安全区。设置方案详见图4.2-5。

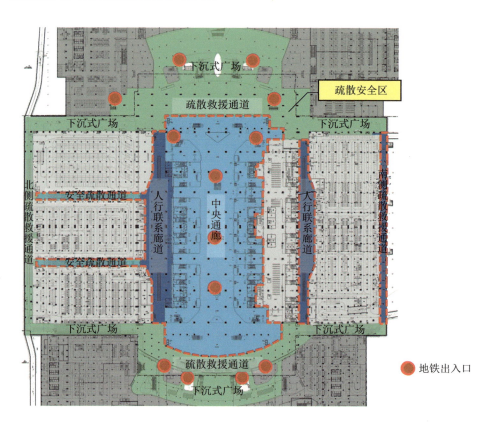

图4.2-5 地下一层安全区范围示意

2. 内部疏散条件设计要求

1）防火分区/分隔

中央通廊建筑面积为17056m²，和出站厅、城际进出站厅（其内无座椅区）作为一体空间，不进行防火分隔。上述一体空间与南北两侧的人行联系廊道、线下进站厅采取耐火完整性不低于1.0h的固定防火构件分隔。

中央通廊东西两端设置的玻璃墙（门）门洞处应敞开面向下沉式广场，门洞长度比例不小于外幕墙长度的一半，玻璃幕墙上部设置火灾时可自动开启的外窗，门洞及可自动开启外窗的总有效面积约为外墙面积的40%，形成东西向自然通风条件。

中央通廊与地铁连通的楼扶梯洞口采取防火分隔措施，建议在地铁站厅内楼扶梯入口方向设置耐火极限不低于3.0h的防火卷帘或常开式甲级防火门，其余三侧设置耐火极限不低于3.0h的防火隔墙。

地铁站厅层通向地面、中央通廊、下沉广场的疏散出口设置详见表4.2-1。

2）内装修及可燃物控制

（1）地面、墙面和顶板均采用不燃装修材料。

（2）为降低火灾风险，保障疏散畅通，中央通廊内不应布置商业服务设施。

（3）服务岛家具主体框架为不燃材料。

3）疏散设计

人员疏散路径上的闸机和控制门应具有消防联动开启功能。进/出站闸机两侧或一侧不少于2处位置设置活动式栅栏或疏散平开门，严禁落锁，火灾时应处于可开启状态。地面设置明显的疏散指示标志。

4）烟控系统设计

中央通廊、出站厅及城际进出站厅采取机械排烟方式，自然补风等措施。

5）其他消防系统设计

设置自动喷水灭火系统、采用点型感烟火灾探测器、设置消防应急广播系统等。

地铁站厅层通向地面、中央通廊、下沉广场的公共区疏散出口汇总　　表4.2-1

编号	宽度（m）	疏散方向
A	1.2	疏散至地面
B	6.0	
C	6.0	

续表

编号	宽度（m）	疏散方向
D	7.1	疏散至地下一层下沉广场
E	7.1	
F	1.5	
G	1.5	
H	3.6	疏散至地下一层国铁中央通廊
I	7.2	
J	3.6	
K	5.4	疏散至地下一层国铁中央通廊
L	5.4	
M	2.5	疏散至地下一层下沉广场
N	3.6	
O	2.4	
P	3.6	
Q	5.7	疏散至地面
R	5.4	
S	14.4	疏散至地下二层下沉广场
合计	93.2	

重难点二 枢纽东、西下沉广场疏散

枢纽下沉广场除供枢纽各层的人员疏散外，也作为站房出站层人员（包含地铁疏散人员）疏散至地面的路径。

东西广场的下沉广场的出地面楼梯净宽度分别为13.7m和16.8m。

对策

依据《省火标》："附录A—A.0.1条，A类安全区主要包括以下区域：1 符合《建筑设计防火规范》GB 50016规定的避难层、避难走道、室外地面、

下沉式广场、天桥、连廊、平台及上人屋面；"。枢纽地下一层集散厅公共区作为本层和下层人员的疏散安全区，人员到达安全区后，再继续向下沉式广场进行疏散并最终到达首层。

枢纽东、西下沉广场主要消防措施：

1）枢纽东、西侧均设置大型下沉式广场，东、西下沉式广场开口面积分布为 5723m² 和 4683m²，分别占东、西集散厅公共区面积的 21.3% 和 49.9%。

2）设置消防车道，形成水平消防救援条件。

3）下沉式广场侧面完全开敞于集散厅，为集散厅人员的安全疏散提供了良好的条件。

4）对商业布置和广告灯箱总面积进行限制（均≤5%集散厅面积）。

5）与相邻国铁、地铁、枢纽区块进行消防联动。

枢纽东、西下沉广场下方设计方案见图 4.2-6、图 4.2-7。

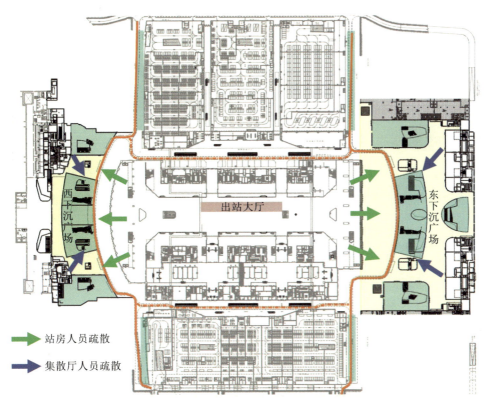

图 4.2-6 枢纽东、西侧下沉广场示意

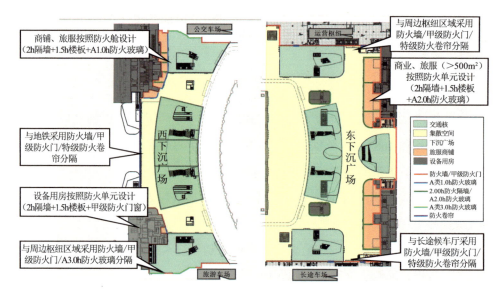

图 4.2-7 枢纽东、西侧下沉广场消防设计方案

4.2.3 长距离换乘通道疏散设计问题

本站新建换乘通道连通白云（棠溪）站枢纽与八号线石潭站，换乘通道长度达 450m，既有规范未对换乘通道内的疏散有明确规定。

对策

依据《省火标》条文说明"第 4.3.5 条：当无法设置对外安全出口时，换乘通道的总长度不宜超过 300m，换乘通道长度是指两端防火卷帘之间的行走距离。"

本站换乘通道长度约 450m，超过《省火标》"总长度不宜超过 300m"的要求，故在换乘通道内设置 4 个直通地面的安全出口，以满足相邻车站或换乘通道火灾时乘客的撤离要求。

5 段场综合体（赤沙车辆段）

5.1 工程介绍

5.1.1 工程概况

广州市轨道交通十一号线（环线）呈环形线路。线路全长 43.2km，全部采用地下敷设方式，全线共设 32 座车站，设置车辆段一座（含一座区域控制中心，其与车辆段综合维修楼合建），赤沙车辆段项目位于黄埔涌的南侧，为整体迁改项目，因旧车辆段项目实际为整体搬迁至白云湖车辆段，仅保留河南主变，地理位置见图 5.1-1、图 5.1-2。

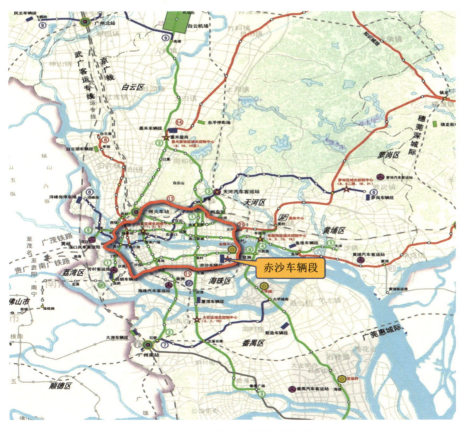

图 5.1-1 赤沙车辆段地理位置

图 5.1-2 赤沙车辆段（航拍图）

本线车辆段定位为定修段，大架修任务由十三号线官湖车辆段承担，总列位数为93列（82列位停车列检、8列位周月检、2列位定修、1列位临修）。赤沙车辆段位于琶洲西区电子商务总部聚集地南侧，其西南侧紧临十二号线赤沙站，项目为避让西北侧珠光地块范围，同时采用最有利于物业开发的白地最大化策略，按双层布置形式（地面一层+地下一层），提升土地价值，实现盖下地铁建设、盖上综合开发双赢。

车辆段总建筑面积约36.2万 m^2，地面部分以车辆段功能为主，主要有运用库、检修库、调机及工程车库、物资库、镟轮库及区域控制中心等用房组成。地下部分以停车场功能为主，主要有运用库等，并与地面层库房上下对应。区域控制中心位于15m盖板上方（图5.1-3～图5.1-5）。

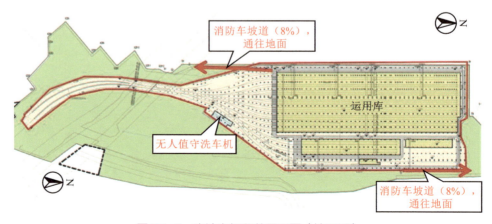

图 5.1-3 赤沙车辆段总平面图（地下层）

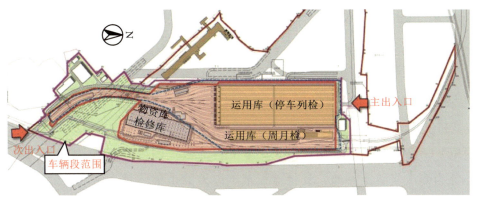

图 5.1-4　赤沙车辆段总平面图（盖下地面层）

图 5.1-5　赤沙车辆段总平面图（物业开发层）

本车辆段场坪标高为 9.10m，地面层轨面标高为 10.00m，地下层轨面标高 -1.50m，两层轨面高差 11.5m。地面层上部进行上盖物业开发，共设置两层盖板，标高分别为 9m 及 15m（相对标高），9m 盖板层主要功能为物业开发车库及设备用房，15m 盖板层主要功能为办公、公寓、住宅及配套公建（图 5.1-6）。

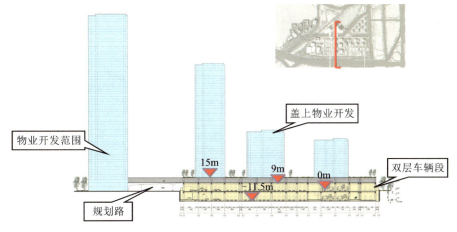

图 5.1-6　赤沙车辆段剖面图

5.1.2 建筑消防设计

建筑消防

1. 建筑分类及耐火等级

按《建筑设计防火规范》（2018年版）GB 50016—2014 及《地铁设计规范》GB 50157—2013 相关规定，本工程盖板范围内各单体、区域控制中心等为耐火等级为一级，其他盖板范围以外的小单体耐火等级不低于二级（表 5.1-1）。

单体主要功能及建筑类别表　　　　　表 5.1-1

建筑名称	主要功能	建筑类别	耐火等级
区域控制中心	配套后勤服务	民用建筑	一级
运用库	停车、列检、周月检	戊类厂房	一级
检修库及物资库	定修、临修、调车机车、轨道车的停放和检修、样板存放间大件存放区	丁类厂房、丁类库房	一级
蓄电池间	叉车、工程车酸性电池充电、存放	甲类厂房	二级
杂品库	丙类物品存放	丙类库房	二级
镟轮库	镟轮	丁类厂房	一级
洗车机及控制室	洗车	戊类厂房	一级
污水处理站	污水、废水处理	戊类厂房	一级
牵引降压混合变电所	牵引供电及变配电、干式变压器	丁类厂房	一级
垃圾转运站	垃圾转运	戊类厂房	二级
门卫（3个）	值班	民用建筑	二级

2. 主要消防设计原则

场地共设 2 个出入口，主出入口位于用地西北侧接新港路，次出入口位于用地南侧接红卫路。场内库区道路设置环形车道，盖上环路通过南北各一处匝道与地面环路连接，地下环形消防车道通过东西两侧汽车坡道与地面环路连接，能够满足生产、生活和消防要求。

1）地下运用库按轨道交通停车使用空间考虑，消防设计按《地铁设计防火标准》GB 50298—2018 设计。工艺库房区域防火分区面积不限（采用自动灭火系统），咽喉区（自动洗车机考虑无人值守）按无人区考虑，其他配套用房（如备品区）按《建筑设计防火规范》（2018年版）GB 50016—2014执行。

消防车道及排烟：地下运用库设环形消防车道，且设置两个不同方向的出入口连接地面消防道路。库房南侧平交道采用机械排烟，其余消防车道顶部盖板设自然排烟口，自然排烟口有效面积不应小于车道地面面积的25%，且相邻开口间距不超过该段车道顶棚高度 H 的4倍且不大于60m。

消防车道防火分隔：赤沙车辆段地下停车列检库及周月检库作为一座戊类厂房，为一线两列位且宽度大于150m，按规范设置了两条供消防车通行的道路，与环形消防车道相连处设置高压细水雾水幕系统进行防火分区分隔。另由于运用库进出端口部有接触网，设置高压细水雾系统进行防火分区分隔。除以上两个位置以外的区域，地下停车库按《地铁设计防火标准》GB 50298—2018采用耐火极限不低于3.00h的防火墙分隔。防火墙上设置消防救援入口，入口处应采用甲级防火门等进行分隔，每个消防救援入口距离小于20m。

2）盖下车辆段建筑耐火等级为一级，盖下库房按火灾危险性等级丁、戊类进行设计。

消防车道及排烟：盖下车辆段分别沿运用库及检修库（与物资库贴建）设置环形消防车道，与盖板边大的环形车道连接，且设置两个不同方向的出入口连接城市道路。运用库南侧平交道及检修库北侧平交道采用机械排烟，运用库其余消防车道侧面完全敞开；检修库东侧消防车道侧面完全开敞，检修库西侧消防车道顶部盖板设自然排烟口，自然排烟口有效面积不应小于车道地面面积的25%，且相邻开口间距不超过该段车道顶棚高度 H 的4倍；物资库西侧消防车道采用机械排烟。

消防车道防火分隔：盖下地面运用库库区与平交道采用挡烟垂壁+防火隔墙相结合的方式进行分隔，在开口部位设置高压细水雾分隔。运用库东侧设置1.00h防火隔墙，隔墙上的采用乙级防火门及耐火完整性不低于1.00h的防火玻璃。盖下地面检修库库区与平交道采用挡烟垂壁+防火隔墙相结合的方式进行分隔，在开口部位设置高压细水雾分隔。检修库与物资库与消防车道之间设耐火极限不低于1.00h的防火隔墙，隔墙上的采用乙级防火门及耐火完整性不低于1.00h的防火玻璃。车辆基地与上部其他建筑之间应完全分隔；其中的分隔楼板耐火极限不应小于3h。

3）盖上区域控制中心为运营控制中心及其配套功能，消防车道通过地面层不少于2处匝道上至9m盖板，再通过不少于2处匝道上至15m盖板，环形消防车道及消防救援场地设置在15m盖板层，同物业开发建筑原则一致，按《建筑设计防火规范》（2018 年版）GB 50016—2014 执行，15m 盖板以下各层设置 3h 防火墙（竖向盖板）与车辆基地之间进行分隔。

3. 防火分区

1）运用库：位于北侧，地面一层，地下一层，主要包含停车列检区、周月检区、备品区、无人值守洗车机区等功能；地面层停车列检库共有 21 股道，按 1 线 2 列位设计，停车能力为 41 列，周月检共有 4 股道，按 1 线 1 列位设计；地下层停车列检库设 21 股道，按 1 线 2 列位设计，停车能力为 41 列（其中西侧前端有一条洗车线后牵出线）。周月检共有 4 股道，按 1 线 1 列位设计。两层库房股道上下对齐。

地面层停车运用库按戊类厂房为独立防火分区（防火分区面积不限）；停车运用库按戊类厂房分为 1 个防火分区，库房区按《地铁设计防火标准》GB 50298—2018 的执行，防火分区面积不限（设置自动灭火系统）；备品库区域（戊类，两层）、无人值守洗车机室为独立防火分区，按《建筑设计防火规范》（2018 年版）GB 50016—2014 执行。

2）检修库及物资库：位于南侧，贴临设置；检修库地面一层（局部两层），主要包含 2 定修线、1 临修线、1 静调线、调机及工程车库及相关辅助用房等功能；物资库地面二层，主要包含标定样板存放间、大件物品存放区组成；

检修库与物资库贴建，各自独立防火分区，采用防火墙进行分隔；检修库按戊类厂房，为独立防火分区（防火分区面积不限），配套办公区独立防火分区；物资库按丁类库房，为独立防火分区，库房区按《地铁设计防火标准》GB 50298—2018 的执行，防火分区面积不限（设置自动灭火系统）。

3）区域控制中心：位于 15m 盖板最南端，与远期物业开发位于同一平台上，塔楼南侧 −22.6m 标高层至 −4.0m 标高层主要为食堂及厨房、地下设备区；首层至四层为地铁运转楼；五到二十三层为办公区；塔楼西侧二到十三层为司机备勤室；区域控制中心北塔 −8.0m 标高层为地下停车场，−4.0m 标高是设备层，北塔首层主要为设备区，群楼首层为架空层；北塔二、三层主要为设备区，裙楼二层为培训室；裙楼三层为会议室；北塔四层为 COCC 大厅及其配套用房，裙楼四层为会议室；北塔五层～七层主要为办公区。

区域控制中心防火分区按《建筑设计防火规范》（2018 年版）GB 50016—2014 执行，15m 盖上按不超过 3000m² 一个防火分区，0～15m 盖板之间的部分按地下室标准进行消防设计，具体防火分区详单体平面图。

4）盖下其他单体：包含牵引降压混合变电所、洗车机及控制室、镟轮库、废水处理站、U形槽等5个单体；其中牵引降压混合变电所为牵引供电及变配电，采用干式变压器，按丁类厂房为独立防火分区（防火分区面积不限）；镟轮库为地铁列车镟轮用房，按丁类厂房为独立防火分区（防火分区面积不限），洗车机及控制室为洗车及配套用房、废水处理站为污废水处理，均按戊类厂房为独立防火分区（防火分区面积不限），均按《建筑设计防火规范》（2018年版）GB 50016—2014执行。U形槽轨行区同地铁轨道区间；

5）盖外单体：包含杂品库、蓄电池间、垃圾转运站、门卫1、门卫2、门卫3共6个单体；其中杂品库储藏物品以油脂、油漆、柴油、腐蚀品、化学品为主，按丙类厂房为独立防火分区；蓄电池间以铅蓄电池为主，按甲类厂房为独立防火分区；垃圾转运站按戊类厂房为独立防火分区，门卫1~3按民建，为独立防火分区，均按《建筑设计防火规范》（2018年版）GB 50016—2014执行。

5.2 消防设计重难点及消防设计对策

赤沙车辆段为场站综合体，采用双层设计（地下一层、地面一层）、区域控制中心（位于15m盖上）采用双首层设计，消防设计相对复杂，下面对标《省火标》具体条文，分析消防设计重难点及消防设计对策。

5.2.1 盖下及地下消防车道设置方案

重难点 现行规范对车辆段地下及盖下消防车道排烟无相关要求

现行《建筑设计防火规范》（2018年版）GB 50016《地铁设计规范》GB 50157及《地铁设计防火标准》GB 51298中没有明确关于地铁车辆段与上盖民用建筑组合建造时及地铁停车库设于地下时的对应消防车道排烟要求相关条文。

对策

1）消防车道布置：依据《省火标》"第3.1.4条：车辆基地的停车库、列检库、运用库、联合检修库及物资总库周围应设置环形消防车道。当丁、戊类库房总宽度不大于75m时，可沿库房的一条长边设置不少于7m宽的消防车道，该消防车道至少应有两处与其他车道连通或设置尽端回车场，回车场的面积不应小于15m×15m。"此规定中消防车道要求与《地铁设计防火标准》GB

50298—2018 基本一致，将地下车辆基地与地面车辆基地的设置标准进行了统一。赤沙车辆段盖下车辆段分别沿运用库及检修库（与物资库贴建）设置环形消防车道，与盖板边大的环形车道连接，且设置两个不同方向的出入口连接城市道路。因运用库宽度约 230m，超过 150m，且为一线两列位，根据《地铁设计防火标准》GB 50298—2018 第 3.3.3 条，在库中设置穿过建筑可供消防车通行的道路，确保消防车在灭火救援时能快速调度和到达建筑的另一条长边（图 5.2-1）。地下运用库设环形消防车道，且设置两个不同方向的出入口连接地面消防道路。因运用库宽度约 230m，超过 150m，且为一线两列位，根据《地铁设计防火标准》GB 50298—2018 第 3.3.3 条，在库中设置穿过建筑可供消防车通行的道路（可供消防车通行的道路为库区单体建筑内的通道，消防措施与建筑单体其他区域一致，见图 5.2-2）。消防车道宽度为 4m 或 7m，净高不低于 4m。

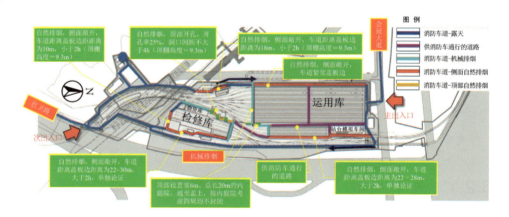

图 5.2-1　赤沙车辆段消防车道排烟情况（盖下地面层）

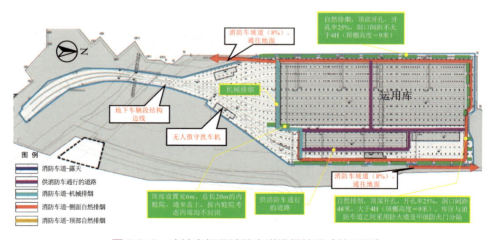

图 5.2-2　赤沙车辆段消防车道排烟情况（地下层）

2）消防车道排烟（A\B类疏散安全区）：依据《省火标》"第5.4.2条：地面段场盖下消防车道优先采用自然通风方式，在顶部或侧面设置开口，开口的面积不应小于消防车道地面面积的25%，且均匀布置，相邻开口边缘的水平距离不应大于60m；盖下消防车道无法满足自然通风条件时，应设置机械排烟设施。消防车道邻靠丁、戊类库房一侧设置不低于库房净高20%的挡烟垂壁，与其他类库房之间采用耐火极限不应低于1.00h的防火分隔措施。第5.4.3条：地下消防车道顶部设置敞开式开口，开口面积不小于地下消防车道地面面积25%，且均匀布置，相邻开口边缘的水平距离不应大于60m；消防车道直接通向室外地面的安全出口不应少于2个；当地下消防车道无法满足自然通风条件时，应设置机械排烟设施；消防车道与库房之间采用耐火极限不低于3.00h的防火分隔措施。"按照《省火标》第5.4.2、5.4.3条，当符合上述要求时，地面及地下消防车道可视为疏散安全区进行人员疏散及消防救援。赤沙车辆段为地下一层、地面一层的双层车辆段，两层均考虑了消防车道，且消防车道优先采用自然通风方式。位于运用库及检修库库前消防平交道没有条件开孔的消防车道在顶无法满足自然通风条件时，设置了机械排烟设施，消防车道采用自然通风与机械排烟的区域之间，设置了净高不低于消防车道净高20%的挡烟垂壁。采用机械排烟的区域，除由于设置采光通风井而被自然分隔成不同的排烟分段外，不再单独划分防烟分区。库前消防平交道每个排烟分段的排烟量按不小于相邻库区最大防烟分区需要的排烟量（111000m³/h）考虑。地上地下层库前平交消防车道分别划分为两个排烟分段，共设置4套机械排烟系统，每套系统配置1台排烟风机，风机设置于停车列检线区1号及15号风机房内，在每个列车进入库区的开口上方设置排烟口。赤沙车辆段消防车道范围均采用自然排烟或机械排烟（图5.2-3），可视为A类/B类疏散安全区。

3）消防车道防火分隔（疏散安全区保障措施）：依据《省火标》"第5.4.2条：当盖下消防车道无法满足自然通风条件时，应设置机械排烟设施。消防车道邻靠丁、戊类库房一侧设置不低于库房净高20%的挡烟垂壁，与其他类库房之间采用耐火极限不应低于1.00h的防火分隔措施。"赤沙车辆段运用库、检修库设置环形消防车道，当盖下消防车道无法满足自然通风时，地面库区与平交道采用耐火极限不低于1.00h的防火墙和挡烟垂壁相结合的方式（列车通行部位采用挡烟垂壁、其余部位采用防火隔墙）进行分隔，挡烟垂壁高度不小于该空间净高的20%，在开口部位设置高压细水雾幕分隔。依据《省火标》"第5.4.3条：当地下消防车道无法满足自然通风条件时，应设

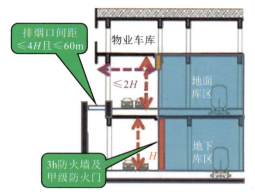

自然排烟示意图（剖面）

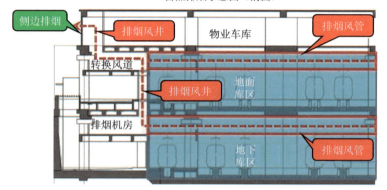

机械排烟示意图（剖面）

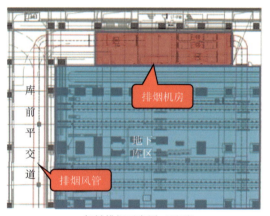

机械排烟示意图（平面）

图 5.2-3　赤沙车辆段消防车道排烟示意图

置机械排烟设施；消防车道与库房之间采用耐火极限不低于 3.00h 的防火分隔措施。"此规定中库区与消防车道的防火分隔要求与《地铁设计防火标准》GB 50298—2018 一致。同时，为了有效实施库前平交道列车进出部位的防火分隔，地下库区与平交道采用耐火极限不低于 3.00h 的防火墙和挡烟垂壁相结合的方式（列车通行部位采用轻钢龙骨轻质隔墙型或结构梁挡烟垂壁、其余部位采用防火隔墙)进行分隔,挡烟垂壁高度不小于该空间净高的20%,在开口部位设置高压细水雾分隔系统,系统末端喷头设计工作压力为10MPa,采用流量系数 $K=1.0$ 开式喷头,喷头安装间距不大于3m,不小于1.5m,距墙不大于1.5m,系统设计流量按照单体同时开启喷头流量之和计算,设计流量为 $Q=1300$L/min,火灾持续喷水时间为3h(图5.2–4~图5.2–8)。

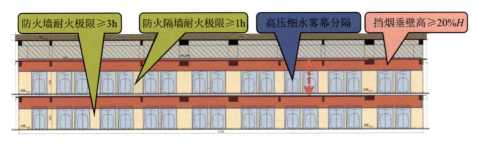

图 5.2-4 赤沙车辆段库前平交道防火分隔剖面图

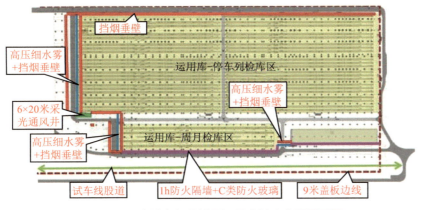

图 5.2-5 赤沙车辆段地面运用库防火分隔平面图

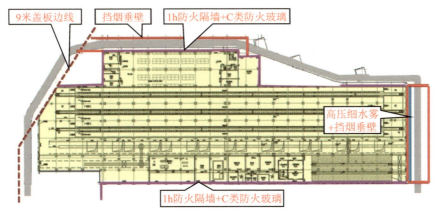

图 5.2-6 赤沙车辆段地面检修库防火分隔平面图

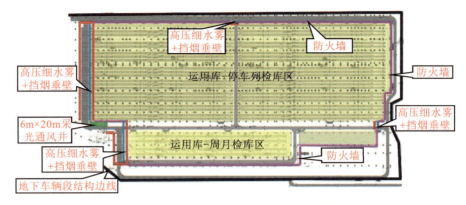

图 5.2-7 赤沙车辆段地下运用库防火分隔平面图

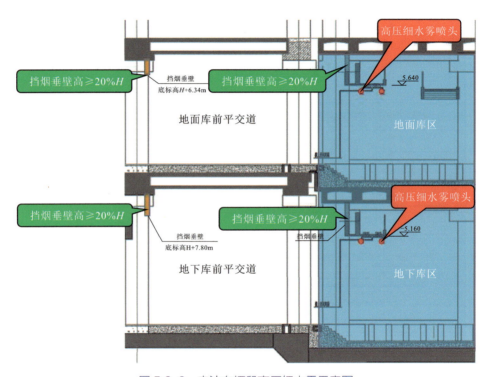

图 5.2-8 赤沙车辆段高压细水雾示意图

5.2.2 库区疏散

重难点

盖下车辆段各单体疏散安全出口需经过周边消防车道再直达室外场地,存在疏散出口无法直达室外的难题;地下运用库其库区埋深超过10m,总长度约420m,总宽约230m,库区中部需设置疏散楼梯,存在疏散楼梯无法直达室外的难题。

盖下车辆段各单体较多的安全出口均位于盖下,需经过周边消防车道后,再直达室外场地,部分消防车道距离盖板边缘距离较远,疏散时间长,难以保障疏散安全。

根据《地铁设计防火标准》GB 51298 第 5.5.4 条:地下停车库、列检库、停车列检库、运用库和联合检修库的室内最远一点至最近安全出口的疏散距离不应大于 45m;当设置自动灭火系统时,不应大于 60m。由于赤沙车辆段地下运用库其库区总长度约 420m,总宽约 230m,在库区中部必须设置疏散楼梯,但中部疏散楼梯无法直达室外安全区域。

对策

1)安全疏散:按照《省火标》第 5.4.2、5.4.3 条,盖下运用库南侧平交道设置机械排烟、东西及北侧消防车道顶部设置敞开式开口,开口面积不小于地下消防车道地面面积的 25%,均匀布置,相邻开口边缘水平距离不大于 60m;盖下检修库北侧平交道设置机械排烟、西侧设置机械排烟+自然排烟,南侧自然排烟(侧面排烟)、东侧自然排烟(侧面排烟);根据《省火标》第 5.4.2 条,盖下消防车道为 A 类、B 类安全区,可视为疏散安全区,无需直达室外。

地下运用库南侧平交道设置机械排烟、东西及北侧消防车道顶部设置敞开式开口,开口面积不小于地下消防车道地面面积的 25%,均匀布置,相邻开口边缘水平距离不大于 60m;根据《省火标》第 5.4.3 条,盖下消防车道为 A 类、B 类安全区,可视为疏散安全区。地下运用库总宽约 230m,沿着库区外环消防车道设置疏散楼梯,疏散楼梯之间的距离按照不超过 120m 设置,在库中根据《地铁设计防火标准》GB 50298—2018 规定:室内最远一点至最近安全出口的疏散距离不应大于 60m(设置自动灭火系统),设置了 8 部楼梯(虚线框内 8 部,图 5.2-9)。

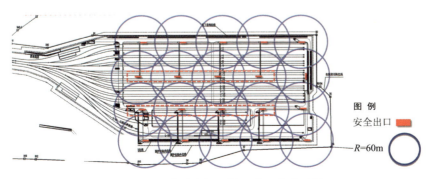

图 5.2-9 赤沙车辆段地下库区安全疏散

2）库中60m疏散距离：

本工程地下库区按直线距离不大于60m设置疏散楼梯，设置在建筑中部的疏散楼梯通过地上运用库疏散，并提高地上运用库和地下运用库地面最低水平照度不小于3Lx。

运用库属戊类库房，火灾荷载低，空间较高，火灾初期产生的烟气对人员疏散的影响不大；车库内的工作人员均熟悉车库内的环境，一个车辆段按同一时间发生一次火灾考虑，地下运用库内的人员进入疏散楼梯间即可视为到达相对安全区域。库区中部的疏散楼梯采用防烟楼梯，在地下层及地面层均设置前室，前室面积不低于6m²，在楼梯间设置正压送风口（采用泄压到前室的方式，见图5.2-10）。

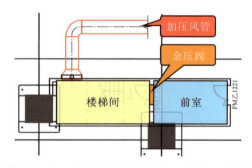

图5.2-10 赤沙车辆段楼梯间正压送风示意图

人员利用消防车道进行疏散时，在消防车道1.0m以下的墙面或柱面上设置灯光疏散指示标志，间距不大于20m，在转角区，不大于1.0m。消防车道地面最低水平照度不小于1Lx，并保证持续供电时间不小于30min。

5.2.3 区域控制中心（位于15m盖上）双首层消防设计

重难点

区域控制中心位于盖上最南侧，在15m盖板及地面车辆段形成双首层，15m盖板以上设置环形消防车道及救援场地，建筑高度99m；15m盖板以下5层，且与盖下检修库贴临建设，整体消防设计复杂，宜独立建造、与其他功能场所的分隔措施是难点。

根据《地铁设计防火标准》GB 50298—2018第3.2.2条，控制中心宜独立建造；确需与其他建筑合建时，控制中心应采用无门窗洞口的防火墙与建筑的其他部分分隔。第4.1.7条，车辆基地建筑的上部不宜设置其他使用功能的场所或建筑，确需设置时，应符合下列规定："1. 车辆基地与其他功能场所之间应采用耐火极限不低于 3h 的楼板分隔。"

对策

1）功能整合：明确区域控制中心按一个单体，为运营控制中心及其配套功能，整合了综合楼、运转楼、司机公寓、OCC 控制大厅等内容，整合后，不再涉及 OCC 控制中心功能组团与其他功能进行防火分隔的问题，有效解决宜独立建造，确需与其他建筑合建时，控制中心应采用无门窗洞口的防火墙与建筑的其他部分分隔的难题。

2）消防设计原则：区域控制中心 15m 盖板以上的部分参照物业开发平台室外地面作为疏散面进行消防设计，其环形消防车道与救援场地均设置在此平台上，0～9m 盖板、9～15m 盖板均设置 2 个或以上对外车行接口。15m 盖板以下部分作为其地下室，按地下室标准进行消防设计（图 5.2-11）。

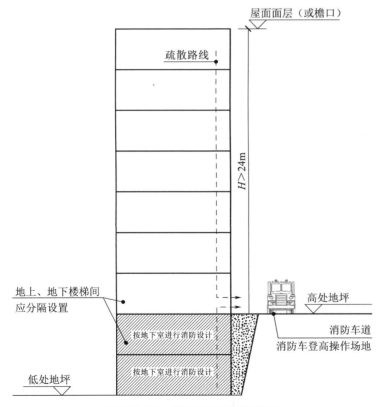

图 5.2-11　消防设计原则示意图

（来源：《广东省建设工程消防设计审查疑难问题解析》第 2.2.3 条图示七）

3）消防车道及消防登高操作场地：区域控制中心南北两个塔楼视为同一栋高层建筑，在15m盖板上统一设置环形消防车道。消防登高操作场地在15m盖板上按两个塔楼分别设置，各自不小于周边长度的1/4且不小于一个长边长度（图5.2-12）。

4）防火分隔：依据《省火标》第4.4.7条，段场综合体内轨道交通与非轨道交通区域之间应采用耐火极限不低于3.00h的防火墙及楼板分隔；第4.4.8条，当场段综合体内非轨道交通功能单体建筑与一体化建筑的盖板相连接时，位于盖板下方的建筑部分应采用无门窗洞口的3.00h防火墙与轨道交通功能建筑进行分隔，且满足盖下车辆基地下方的消防救援及疏散等要求。区域控制中心与盖下车辆基地生产用房采用3h楼板及防火墙（贴临建设）作为防火分隔（图5.2-13）。

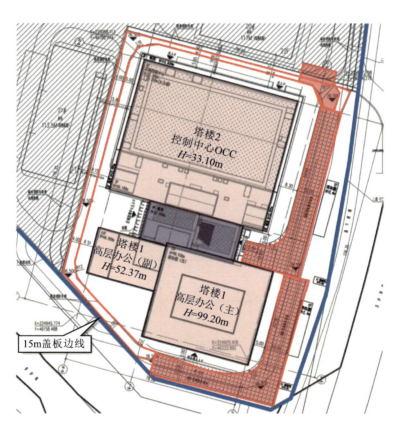

图5.2-12　区域控制中心15m盖板上方消防车道及登高操作场地

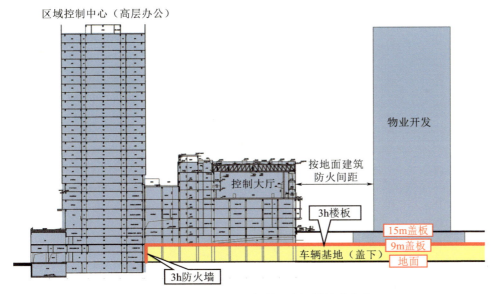

图 5.2-13 区域控制中心与盖下车辆基地防火分隔